hänssler

VOLKHARD SCHEUNEMANN

Licht am Horizont

Weltuntergang oder Weltvollendung —
Was geschieht mit uns?

Volkhard Scheunemann, geboren 1934 in Lübeck,
studierte Theologie und verbrachte anschließend seine
Vikariatszeit in der Lübecker Kirche.
Als Missionar des WEC (Weltweiter Einsatz für Christus)
lebte er gemeinsam mit seiner Frau und seinen vier Kindern
in Indonesien, wo er an der theologischen
Ausbildungsstätte in Batu unterrichtete.
Seit 1984 ist Volkhard Scheunemann Missionsleiter des
WEC-International.

Wo nicht anders vermerkt,
wurde die Übersetzung der
revidierten Lutherbibel 1984 verwendet.
EÜ steht für Einheitsübersetzung.

Die Deutsche Bibliothek — CIP-Einheitsaufnahme

Scheunemann, Volkhard:
Licht am Horizont : Weltuntergang oder Weltvollendung —
was geschieht mit uns? / Volkhard Scheunemann. —
Neuhausen-Stuttgart : Hänssler, 1993
(TELOS-Bücher ; 7616 : TELOS-Taschenbuch)
ISBN 3-7751-1889-6
NE: GT

TELOS-Taschenbuch Nr. 7616
Bestell-Nr. 77.616
© Copyright 1993 by Hänssler-Verlag, Neuhausen-Stuttgart
Titelbild: Mauritius, Stuttgart
Umschlaggestaltung: Daniel Dolmetsch
Printed in Germany

Inhalt

»Hoffnung ist eine Art von Glück,
vielleicht das größte Glück,
das diese Welt bereit hat.«

SAMUEL JOHNSON

So reißt er
auch dich aus dem Rachen
der Angst in einen
weiten Raum,
wo keine Bedrängnis
mehr ist.

DIE BIBEL: HIOB 36,16

»Ich bin gewiß:
Weder Tod noch Leben,
weder Engel noch Mächte,
weder Gewalten der Höhe oder Tiefe
noch irgendeine andere Kreatur
können uns scheiden von der Liebe Gottes,
die in Christus Jesus ist,
unserem Herrn.«

DIE BIBEL: RÖMER 8,38-39

Zum Geleit

Eine Orientierungshilfe in der Endzeit, ein Ratgeber in Zukunftsfragen möchte dieses Buch mit seinen biblischen Texten sein. Es möchte mit dem thematisch zusammengefaßten und geordneten Stoff Anhaltspunkte und Richtlinien für die Ereignisse setzen, die auf uns zukommen, im vollen Bewußtsein, daß sich Detailfragen erst im Erfüllungsprozeß klären lassen. Wir erleben die Endzeit. Wir können diesen Fragenkomplex nicht länger vor uns herschieben. »Es ist aber nahe gekommen das Ende aller Dinge« (1. Petr 4,7).

Es gibt Hoffnung für die Welt, den Menschen und seine Erde, für die Völker und auch für den Einzelnen. Wohl geht es in der kommenden Zeit durch schwere Krisen und gar kosmische Katastrophen als Folgen schuldhaften Frevels des Menschen und göttlicher Gerichtsantwort hindurch — Gott wird noch viel mehr zulassen! — aber es sind nach den Worten Jesu Wehen und Vorboten seines messianischen Friedensreiches und einer neuen Welt, in welcher Gerechtigkeit wohnt. Diese Hoffnung macht uns die Bibel.

Deswegen möchte dieses Buch die Bibel zum Sprechen bringen und mit seinen Ausführungen die

Bibel lieb machen. Die vielen biblischen Hinweise und Zitate wollen zum Nachlesen anregen. Möchte das Jahr der Bibel den Reichtum und »Trost der Schrift« (Röm 15,4) uns neu erschließen und uns zu einem Leben mit der Bibel führen, das vom »Gott der Hoffnung« mit Freude und Frieden erfüllt ist (Röm 15,13).

Es kann gar nicht genug betont werden, wie viel der Verfasser dem inspirierenden Werk von Erich Sauer über Gottes Heilshandeln in Ur- und Endzeit verdankt. Jedesmal, wenn er am Grab in Wiedenest verweilt, ist er dankbar für diesen gottbegnadeten Lehrer in Wort und Leben »bis ans Ende« (vgl. Hebr 13,7).

Die weltweit sich ausbreitende Angst vor der Zukunft ist wahrlich kein guter Ratgeber, wie es die multireligiösen Friedensgebete bewiesen haben, die die Wahrheitsfrage überspringen. Am Ende der Lektüre wird der Leser verstehen, warum der Glaubende stolz auf die Hoffnung sein kann, die die Heilige Schrift freimütig bezeugt. Hatte nicht Jesus seinen Jüngern gesagt: »Wenn aber dieses anfängt zu geschehen, dann seht auf und erhebt eure Häupter, weil sich eure Erlösung naht« (Lk 21,28).

Die Zukunft heißt Jesus Christus!

Eppstein, Ostern 1992

A. Die Zukunft des Einzelnen

I. Vom rechten Umgang mit dem Tode

Wir Menschen des ausgehenden 20. Jahrhunderts verdrängen den Tod aus unserem Denken und Leben. Sterbende werden in Krankenhäuser und Sterbezimmer abgeschoben und jungem Krankenhauspersonal überlassen. Die Darstellungen der Totentänze im Mittelalter hingegen zeigen den Tod an der Hand von jung und alt, von arm und reich. Sie bezeugen, daß Tod und Leben zusammengehören. In einem alten Kirchenlied aus dem 8. Jahrhundert heißt es: »Mitten wir im Leben sind mit dem Tod umfangen.« Deswegen sollten wir wieder mit dem Psalmisten beten:

»Herr lehre mich doch, daß es ein Ende mit mir haben muß und mein Leben ein Ziel hat und ich davon muß« (Ps 39,5).

Dem Menschen ist ein Ziel gesetzt, ob er es wahrhaben will oder nicht. In Hebr 9,27 heißt es bündig: Es ist den Menschen bestimmt zu sterben, danach das Gericht. Auch für den an Christus Glaubenden gilt: »Wir müssen alle offenbar werden vor dem Richterstuhl Christi, damit jeder seinen Lohn empfange für das, was er getan hat bei Lebzeiten, es sei gut oder böse« (2. Kor 5,10). Wir müssen wieder lernen, vom Ende, vom Ziel her zu leben und den Tod in unser Leben zu integrieren. »Frei lebt, wer sterben kann!« sagten unsere Vorfahren. Kann ich sterben? Dann kann ich auch verantwortungsvoll leben und habe die Lebensweisheit erlangt, von der das Gebet Moses spricht: »Lehre uns bedenken, daß wir sterben müssen, auf daß wir klug werden« (Ps 90,12).

Gott bestimmt meine Lebenszeit

Ein »Vater der Geister und des Lebensgeistes für alles Fleisch« wird Gott in der Bibel genannt (vgl. Hebr 12,9; 4. Mose 16,22). »In seiner Hand ist die Seele von allem, was lebt, und der Lebensodem aller Menschen« (Hiob 12,10). Völlig ist der Mensch von Gott und seinem Odem abhängig:

> »Verbirgst du dein Angesicht, so erschrecken sie;
> nimmst du weg ihren Odem, so vergehen sie
> und werden wieder zu Staub.
> Du sendest aus deinen Odem,
> so werden sie geschaffen,
> und du machst neu die Gestalt der Erde«
> (Ps 104,29-30).

Die Verfechter der Evolutionstheorie versagen sich dem Schöpfungsanspruch Gottes und der Verantwortung vor ihm. Nach den derzeitigen wissenschaftlichen Erkenntnissen wird es immer absurder, von dem Menschen als Zufallsprodukt zu sprechen. Der Mensch ist geplant, gewollt, er ist geschaffen. Seine menschliche Entwicklung ist im Gen-Code vorprogrammiert. Wie blind bewußte Gottlosigkeit den Menschen machen kann, lesen wir schon in Hiob 12,7 ff:

> »Frage doch das Vieh, das wird dich's lehren, und die Vögel unter dem Himmel, die werden dir's sagen, oder die Sträucher der Erde, die werden dich's lehren, und die Fische im Meer werden dir's erzählen. Wer erkennte nicht an dem allen, *daß des HERRN Hand das gemacht hat.*«

Gott setzt dem Menschen Anfang und Ende. Niemand kann mit seinen Sorgen seiner Lebenszeit »eine Spanne« zusetzen (Mt 6,27). Wir dürfen mit dem Psalmisten bekennen: »Meine Zeit steht in deinen Händen« (Ps 31,16). Väterlich wachen Gottes Augen über mir, wenn ich mich ihm anvertraue, und er bestimmt Anfang und Ende. Es ist paradox: die wiedererlangte Abhängigkeit von Gott bringt eine große, innere Freiheit und Gelassenheit ins Leben hinein. Fortan wird Gottes Zeit in meinem Leben erfüllt, und es kann mir nichts Lebensbedrohendes widerfahren, wenn meine Stunde noch nicht gekommen ist (vgl. Joh 7,30). So bekommt das »memento mori« einen positiven Klang: Gedenke deinem Gott zu begegnen!

»Ich habe es immer als vordringliche Aufgabe meines geistlichen Amtes angesehen, die Menschen selig sterben zu lehren«, sagte Hans Asmussen als Zusammenfassung seines Vortrages. Es war in den ersten Nachkriegsjahren. Mir war das als Oberschüler zu wenig. Ich wollte leben lernen. Mittlerweile bin ich mir aber bewußt, daß es eine hohe Kunst ist, sterben zu können, ja daß es eine Gnadengabe ist, selig sterben zu können. Die Alten sprachen deswegen von der ars moriendi, und Matthias Claudius betete:

> »Wollst endlich sonder Grämen
> aus dieser Welt uns nehmen
> durch einen sanften Tod.
> Und wenn du uns genommen,
> laß uns in' Himmel kommen
> du unser Herr und unser Gott.«

Von Jesus wird berichtet, daß er um die Stunde wußte, in der er aus dieser Welt zum Vater zurückkehren sollte (vgl. Joh 13,1). Auch Paulus und Petrus wußten um die Zeit ihres Abscheidens (vgl. 2. Tim 4,6; 2. Petr 1,14). Als Nachfolger Jesu werden wir in ein von Christus erfülltes Leben hineingenommen. Auch für uns gilt, Gottes Willen zu tun und unseren Lebensauftrag zu erfüllen (vgl. Joh 4,34). In seiner letzten Stunde hat Jesus ein Psalmwort gebetet, das ihm seither Christen durch die Jahrhunderte nachgebetet haben: »Vater, ich befehle meinen Geist in deine Hände!« (Ps 31,6 und Lk 23,46). Nach dem stellvertretenden Sterben Jesu dürfen wir uns an ihn, den Auferstandenen, mit den Worten Paul Gerhardts wenden:

»Wenn ich einmal soll scheiden,
so scheide nicht von mir.
Wenn ich den Tod soll leiden,
so tritt du dann herfür.
Wenn mir am allerbängsten
wird um das Herze sein,
so reiß mich aus den Ängsten
kraft deiner Angst und Pein.

Erscheine mir zum Schilde,
zum Trost in meinem Tod
Und laß mich sehn dein Bilde
in deiner Kreuzesnot.
Da will ich nach dir blicken,
da will ich glaubensvoll
Dich fest an mein Herz drücken.
Wer so stirbt, der stirbt wohl.«

Was geschieht beim Sterben?

Mit unseren Überlegungen berühren wir nunmehr die Grenze zwischen der sichtbaren und der unsichtbaren Welt. Die Bibel stellt fest, daß die sichtbare Welt durch das Schöpferwort Gottes aus der unsichtbaren entstanden ist (vgl. Hebr 11,3!) und daß folglich die unsichtbare Welt vor der sichtbaren existent war und Vorrangigkeit besitzt. Wir können auch von einer irdischen und einer geistlichen Wirklichkeit sprechen. Der Mensch hat an beiden Anteil. Beim Sterben nun verfällt, was irdisch ist, und der Mensch tritt zurück in die ewige Welt, wie es Pred

12,7 sagt: »Der Staub muß wieder zur Erde kommen, wie er gewesen ist, und der Geist wieder zu Gott, der ihn gegeben hat.« Der Mensch ist von Erde genommen und sein Leib muß wieder zur Erde werden (vgl. 1. Mose 3,19). Des Menschen Geist hingegen »fährt dahin, wo er ewig bleibt« (Pred 12,5). Diese Aussage am Ende des Predigerbuches steht in bewußter Korrektur zur ungewissen Anfrage zuvor: »Wer weiß, ob der Odem der Menschen aufwärts fahre und der Odem des Viehes hinab unter die Erde?« (Pred 3,21). Wenn Gott in der Sterbestunde spricht: »Kommt wieder, Menschenkinder!« — so muß der Mensch seinem Schöpfer begegnen (vgl. Ps 90,3). Als Geistexistenz muß er diese Erde verlassen, zu der er in seiner leiblichen Existenz wieder wird (vgl. Ps 146,4).

Interessant ist eine Bemerkung des Arztes Lukas zu diesem Geschehen. Bei der Auferweckung der Tochter des Jairus lesen wir den Satz: »Und ihr Geist kam wieder« (Lk 8,55). Er hatte sich nach dem Eintreffen des physischen Todes schon auf den Weg gemacht. Ja, nach Lk 16,22 und Mt 13,41 dürfen wir annehmen, daß Engel beauftragt sind, die Menschen zu Gott zurückzuführen. Und wer einmal von Gott in die Ewigkeit abberufen ist, kann nicht wieder zurückkehren. »Es kommt nicht wieder herauf, wer zu den Toten hinunterfährt; er kommt nicht zurück« (Hiob 7,9-10). Diese biblischen Wahrheiten wirken befreiend für Menschen mit animistisch religiösem Hintergrund, die der Meinung sind, daß Geister der Verstorbenen erst langsam den Kreis der Familie und des Dorfes verlassen, daß man sich vor ihnen zu

16

schützen habe und mit ihnen sogar in Verbindung treten kann. Nein, wenn Gott spricht: Komm zurück! wird kein Totengeist sagen können: Ich möchte noch bleiben, noch verweilen. Er wird den Engeln folgen müssen.

O Ewigkeit – du schöne

Es wird häufig den Christen früherer Generationen vorgeworfen, sie hätten sich zu viel mit der Ewigkeit und zu wenig mit Zeitfragen beschäftigt. Wenn dieser Vorwurf zutrifft, so müßte er heute in umgekehrter Weise erhoben werden. Es wird Zeit, daß wir uns wieder mit dem Gedanken der Ewigkeit vertraut machen. Unser Leben ist eine Lehensgabe des Schöpfers. Wir sind Gäste und Fremdlinge auf Erden (vgl. 1. Petr 2,11), Wanderer zwischen zwei Welten. »Wir haben hier keine bleibende Stadt, sondern suchen die zukünftige« (Hebr 13,14). Wer die Zukunftsaussagen der Bibel kennt, weiß: Das Schönste kommt noch. So sang Gerhard Tersteegen in seinem Abendlied:

>»Ein Tag der sagt dem andern,
>mein Leben sei ein Wandern
>zur großen Ewigkeit.
>O Ewigkeit, so schöne,
>mein Herz an dich gewöhne,
>mein Heim ist nicht in dieser Zeit.«

Dringender als je benötigen wir die Perspektive der Ewigkeit, um unsere Zeitfragen zu lösen, die sonst über ihre Proportionen hinauswachsen. Das Kleine muß wieder klein und das Große groß werden. Ohne das Gewicht der Ewigkeit verflüchtet sich unser Dasein ins Oberflächliche und Nebensächliche, auch läßt sich das Leid nicht einordnen. Der Apostel Paulus war wahrlich ein leidgeprüfter Mann. Aber angesichts der Ewigkeit konnte er sagen: »Die *kleine* Last unserer gegenwärtigen Not schafft uns in maßlosem Übermaß *ein ewiges Gewicht* an Herrlichkeit, uns, die wir nicht auf das Sichtbare starren, sondern nach dem Unsichtbaren ausblicken; denn das Sichtbare ist vergänglich, das Unsichtbare ist ewig« (2. Kor 4,17-18 EÜ). Der Blick auf den Unsichtbaren und sein ewiges Reich soll unsere leidvollen und von Vergänglichkeit gezeichneten Tage mit Ewigkeitsluft füllen, klar und erquickend, wie die Luft auf Bergeshöhen. Hier kann unsere umweltbelastete Seele sich gesundatmen.

In zwei aufeinander folgenden Liedern des Evangelischen Gesangbuches wird der Gedanke an die Ewigkeit als Donnerwort und als Freudenwort empfunden. Beides ist wahr. Das Nachsinnen über die Ewigkeit, einer Zeit ohne Anfang und Ende, konfrontiert uns mit unvorstellbaren, göttlichen Perspektiven, die uns erschrecken lassen, wenn wir unsere Entscheidungsmöglichkeiten verscherzen. Unvorbereitet trifft sie den Menschen wie Blitz – und Donnerschlag. Wer sich aber mit seinem Schöpfer durch Jesus versöhnen ließ (vgl. 2. Kor 5,19-20), für den hat die Ewigkeit den Schrecken verloren. Sie wird zum Anfang einer Freude ohne Ende, zu einer Kraft, die die Trübsal dieser Zeit leichter macht.

So hat es Hans-Bernd von Haeften erfahren, der zur Widerstandsgruppe des 20. Juli gegen Hitler gehörte. Kurz vor seiner Hinrichtung schreibt er an seine Frau:

>Betet für mich den 126. Psalm; über ihn ging die letzte Predigt, die ich am Tage der Verhaftung in unserer Dorfkirche hörte. Und dazu betet den 130. Psalm, lobet und danket.

Mein liebster Gedanke, liebste Frau, wird sein, daß ich Euch, meine Lieben, des Heilands Gnade und meinen Geist in Seine Hände befehle. So will ich glaubensfroh sterben. Und ich möchte, meine liebe Bärbel, daß auch Du ›die immer heitere Frau von Haeften‹ bleibst! Scherze und lache mit den Kindern, herze sie und sei fröhlich mit ihnen, sie brauchen deine Frohnatur, und wisse, daß nichts mehr nach meinem Sinne sein könnte.

So grüße ich Euch, meine lieben Liebsten, mit dem alten Grußwort ›Freuet Euch — in dem Herrn allewege und abermals sage ich: freuet Euch!‹ ›Und der Friede Gottes bewahre Eure Herzen und Sinne in Christo‹.«

Heinrich Heines Heimkehr zu Gott

So lautet der Titel eines Buches, in dem W. R. Brauer wesentliche Aussagen Heines während seiner letzten Pariser Jahre (1848-56) verfaßt hat. Es ist viel zu wenig bekannt, wie der scharfsinnige Spötter und wortgewandte Philosoph und Dichter am Ende seines Lebens den Weg zu Gott gefunden hat, nachdem ihm vor den Auswirkungen der deutschen Gottlosigkeit graute, die in der Philosophie des Idealismus den Menschen an die Stelle Gottes und die Vernunft an die Stelle des Heiligen Geistes gesetzt hatte. Brauer zitierte einen Brief Heines an Francois Mignet (17.1.1849):

> »Gott ist ganz und gar entthront, zur Verwunderung von David Strauß (1808-74) und Ihres Freundes Heinrich Heine, die, obwohl sie zwanzig Jahre hindurch auf diese Katastrophe hingearbeitet haben, darüber doch entsetzt und betrübt sind... Auch in uns, wie ich Ihnen gestehe, ist eine große, religiöse Umwälzung vor sich gegangen... Bei mir ist es noch mein Geheimnis, das ich nur meiner Wärterin und einigen ausgezeichneten Frauen anvertraue. Selbst auf die Gefahr hin, der Dummheit geziehen zu werden, will ich Ihnen doch das große Ereignis meiner Seele nicht mehr verschweigen: Ich habe mich von dem deutschen Atheismus abgewendet und stehe im Begriff, in den Schoß des einfältigen Glaubens zurückzukehren. Ich fange an zu verstehen, daß ein bißchen Gottesglaube einem armen Menschen nichts schaden kann, besonders wenn er seit sieben Monaten auf dem Rücken liegt und von den heftigsten Schmerzen heimgesucht wird.«

Das weitere Zitat ist dem Nachwort zum »Romanzero« entnommen:

> »Wenn man auf dem Sterbebett liegt, wird man sehr empfindsam und möchte Frieden machen mit Gott und der Welt. Seit ich selbst der Barmherzigkeit Gottes bedürftig, habe ich allen meinen Feinden Amnestie erteilt; manche schöne Gedichte, die gegen sehr hohe und sehr niedrige Personen gerichtet waren, wurden deshalb in vorliegende Sammlung nicht aufgenommen. Gedichte, die nur halbwegs Anzüglich-

20

keiten gegen den lieben Gott selbst enthielten, habe ich mit ängstlichem Eifer den Flammen überliefert. Es ist besser, daß die Verse brennen als der Versemacher. Ja, wie mit der Kreatur habe ich auch mit dem Schöpfer Frieden gemacht, zum größten Ärgernis meiner aufgeklärten Freunde, die mir Vorwürfe machten über dieses Zurückfallen in den alten Aberglauben, wie sie meine Heimkehr zu Gott zu nennen beliebten. Andere in ihrer Intoleranz äußerten sich noch herber. Der gesamte hohe Klerus des Atheismus hat sein Anathema (= Fluch, der Verf.) über mich ausgesprochen, und es gibt fanatische Pfaffen des Unglaubens, die mich gerne auf die Folter spannten, damit ich meine Ketzereien bekenne. Zum Glück stehen ihnen keine anderen Folterinstrumente zu Gebote als ihre Schriften.

Aber ich will auch ohne Tortur alles bekennen: *Ja, ich bin zurückgekehrt zu Gott wie der verlorene Sohn* (kursiv Geschriebenes vom Verf.), nachdem ich lange bei den Hegelianern (philosophische Richtung des 19. Jahrhunderts, der Verf.) die Schweine gehütet. War es die Misere, die mich zurücktrieb? Vielleicht ein miserabler Grund. *Das himmlische Heimweh überfiel mich* und trieb mich fort durch die Wälder und Schluchten, über die schwindligsten Bergpfade der Dialektik.

Auf meinem Weg fand ich den Gott der Pantheisten, aber ich konnte ihn nicht gebrauchen. Dies arme, träumerische Wesen ist mit der Welt verwebt und verwachsen, gleichsam in ihr eingekerkert und gähnt dich an, willenlos und ohnmächtig. Um einen Willen zu haben, muß man eine Person haben. Wenn man nun einen Gott begehrt, der zu helfen vermag — und das ist doch die Hauptsache — so muß man auch seine Persönlichkeit, seine Außerweltlichkeit und seine heiligen Attribute, die Allgüte, die Allweisheit, die Allgerechtigkeit usw. annehmen…«

Und dann das erschütternde Bekenntnis aus dem Jahre 1848:

»Es war im Mai 1848, an dem Tage, als ich zum letztenmal ausging, als ich Abschied nahm von den hohen Idolen, die ich angebetet in den Zeiten meines Glückes. Nur mit Mühe schleppte ich mich bis zum Louvre, und ich brach fast zusammen, als ich in den erhabenen Saal trat, wo die hochgebenedeite Gottheit der Schönheit, unsere liebe Frau von Milo, auf ihrem Postamente steht. Zu ihren Füßen lag ich lange, und ich weinte heftig, daß sich dessen ein Stein erbarmen mußte. Auch schaute die Göttin mitleidig auf mich herab, doch zugleich so trostlos, als wollte sie sagen: *Siehst du denn nicht, daß ich keine Arme habe und also nicht helfen kann ...?*«

In der Vorrede zur 2. Auflage seiner Geschichte der Religion und Philosophie gibt Heine Auskunft, wie es bei ihm zur Heimkehr zu Gott kam:

»Ich verdanke meine Erleuchtung ganz einfach der Lektüre eines Buches ... der Bibel. Mit Fug und Recht nennt man diese auch die Heilige Schrift; *wer seinen Gott verloren hat, der kann ihn in diesem Buch wiederfinden,* und wer ihn nie gekannt, *dem weht hier entgegen der Odem des göttlichen Wortes.*«

Und noch einmal an der gleichen Stelle bezeugt Heine die Rolle der Bibel für seine innere Wandlung:

»Wie oft denke ich seitdem an die Geschichte dieses babylonischen Königs, der sich selbst für den lieben Gott hielt, aber von der Höhe seines Dünkels erbärmlich herabstürzte, wie ein Tier am Boden kroch und

Gras aß – (es wird wohl Satan gewesen sein). In dem prachtvollen, grandiosen Buch Daniel steht diese Erzählung, die ich nicht bloß dem guten Ruge, *sondern auch meinem noch viel verstockteren Freunde Marx,* ja auch den Herren Feuerbach, Daumer, Bruno Bauer, Hengstenberg und wie sie sonst noch heißen mögen, *diesen gottlosen Selbstgöttern,* zur erbaulichen Beherzigung empfehle.«

»Es stehen überhaupt noch viele schöne und merkwürdige Erzählungen in der Bibel, die ihrer Beachtung wert wären, z. B. gleich im Anfang die Geschichte von dem verbotenen Baum im Paradiese und von der Schlange, der kleinen Privatdozentin, die schon 6000 Jahre vor Hegels Geburt die ganze Hegelsche Philosophie vortrug. Dieser Blaustrumpf ohne Füße zeigt sehr scharfsinnig, wie das Absolute (das Göttliche, der Verf.) in der Identität von Sein und Wissen besteht, wie der Mensch zum Gott werde durch die Erkenntnis, oder, was dasselbe ist, wie Gott im Menschen zum Bewußtsein seiner selbst gelange. Diese Formel ist nicht so klar, wie die ursprünglichen Worte: Wenn ihr vom Baum der Erkenntnis genossen, werdet ihr wie Gott sein.«

Aus derselben Vorrede noch ein letztes Zitat über die Unsinnigkeit, sich Gottes zu entledigen:

»Nein, es ist nicht wahr, daß die Vernunftkritik, welche die Beweistümer für das Dasein Gottes, wie wir dieselben seit Anselm von Canterbury (1033-1109) kennen, vernichtet hat, auch dem Dasein Gottes selber ein Ende gemacht hat! Der Deismus (gemeint ist der Gottesglaube, der Verf.) lebt sein lebendigstes Leben, er ist nicht tot, und am allerwenigsten hat ihn die neueste deutsche Philosophie getötet. Diese spinnwebige Berliner Dialektik kann keinen Hund aus dem Ofenloch locken, *sie kann keine Katze töten, wieviel weniger einen Gott.«*

Am 17. 2. 1856 starb Heinrich Heine nach langem Siechtum im Frieden und versöhnt mit dem Gott seiner Väter. Er ließ sich viel aus der Bibel und aus den theologischen Werken von Fr. August Tholuck (bibelgläubiger Theologe des 19. Jahrhunderts) vorlesen. Von Zeitungen wollte er nichts wissen.

Können wir mit Verstorbenen in Verbindung treten?

Es sei gleich zu Anfang gesagt, daß die Bibel es verbietet, mit Toten Kontakt aufzunehmen. »Wer das tut, ist dem Herrn ein Greuel«, lesen wir in 5. Mose 18,11-12. Die Praxis, über ein Medium Tote zu befragen, ist heidnisch und weltweit verbreitet. Gott läßt aber schon im Alten Testament sein Volk warnen: »Soll nicht ein Volk seinen Gott befragen? Oder soll man für Lebendige die Toten befragen? Hin zur (göttlichen) Weisung und hin zur Offenbarung! Werden sie das nicht sagen, so wird ihnen kein Morgenrot scheinen, sondern sie werden im Lande umhergehen, hart geschlagen und hungrig« (Jes 8, 19-21).

Es läßt aufmerken, daß das Beschwören der Totengeister fast immer mit Wahrsagerei in Verbindung steht (vgl. 3. Mose 19,31; 20,6; 20,27; 1. Sam 28,8; Jes 8,19), wobei das Wort Zeichendeuter mit Wahrsager zu übersetzen ist. Dieser Sachverhalt legt den Schluß nahe, daß Totengeister in Wahrheit dämonische Wahrsagegeister sind, die Tote imitieren. Wir haben gesehen, daß Verstorbene nicht auf die Erde zurückkommen können (vgl. Hiob 7,9-10). Das galt schon für die Zeit des Alten Testamentes, wie viel mehr für die Zeit danach, seitdem Jesus den Schlüssel zum Totenreich besitzt (vgl. Offb 1,18)! Es gibt kein Zurück und kein Heraus! So stellt sich die Frage: Wer kommt dann, wenn Tote zitiert werden? Wenn es Satan möglich ist, sich als Engel des Lichtes zu verstellen (2. Kor 11,14), dann ist es seinen Geistern ein leichtes, Tote zu imitieren. Wir haben es also bei der Totenbefragung mit Dämonen zu tun. Das macht diesen Brauch in Gottes Augen so abscheulich. Gott will nicht, daß wir mit Dämonen Umgang pflegen. Die Bibel nennt es Abgötterei, die zur Folge hat, daß Gott sein Antlitz gegen uns stellt (vgl. 3. Mose 20,6).

Die alte Streitfrage, wer in 1. Sam 28 von der Totenbeschwörerin in Endor gerufen wurde, kann zweifach gedeutet werden. Die eine Erklärung geht davon aus, daß es kein Zurück aus dem Totenreich gibt und daß schon gar nicht ein Medium oder eine Totenbeschwörerin Macht über einen Propheten hat und einen Heiligen Gottes zitieren kann. Es handelt sich also um eine dämonische Imitation des Samuel, um einen dämonischen Geist. Die andere Deutung sieht in dem Geschehen eine Ausnahme, die Gott zugelassen hat. Auf die Aufforderung, Samuel heraufzurufen, schreit die Frau laut auf, »als sie Samuel sah«, wie es wörtlich heißt. Offensichtlich handelte es sich um einen anderen Geist als die dämonischen, mit denen sie gewöhnlich verkehrte. Auf die beschwörende Bitte und Frage Sauls, weiterzumachen: »Was siehst du?« antwortet die Frau: »Ich sehe etwas

Göttliches (so muß Elohim hier wohl übersetzt werden) aus der Erde heraufsteigen.« An dem Priesterrock erkennt Saul, daß es sich um Samuel handelt, und fällt auf sein Antlitz zur Erde. Welcher Deutung wir auch folgen, es handelt sich um einen verbotenen Vorgang (vgl. 3. Mose 20,6+27) und Saul ereilt unmittelbar danach der Tod.

II. Die Auferstehung Jesu Christi von den Toten

Der Kampf um die Auferstehung Jesu

Das Ringen um das rechte Verständnis der Auferstehung Jesu ist so alt, wie dieses von Gott geschaffene Faktum der Weltgeschichte selbst, durch das er den Sühnetod seines Sohnes gerechtfertigt hat. Die beiden Zeugnisse von der Rechtfertigung und Auferweckung Jesu hätten überhaupt erst die christliche Kirche und damit ihre Verkündigung ermöglicht, sagt Otto Michel in seinem Aufsatz »Der Glaube an den Auferstandenen«:

»Die Botschaft von der Auferweckung Jesu hat Menschen frei gemacht für die schwere Last des Zeugnisses vom Kreuz. Die Auferstehung Jesu ist der Mittelpunkt gewesen und geworden für den christlichen Glauben. Von der Auferweckung her hat man geglaubt, gelebt, geliebt, gedacht, gehofft. Das war das Herzstück. Nur so ist Gemeinde entstanden. Die Gemeinde ist nicht zunächst auf das Kreuz, sondern auf die Auferstehung gegründet. Erst dann ist das Kreuz in die Verkündigung hineingenommen worden. Es hat nie eine Kirche gegeben, die nur vom Kreuz gelebt hätte.«

Diese Worte des Theologen O. Michel sind angesichts einer Auferstehungslehre wichtig, die heute an unseren Universitäten vertreten wird und die seit Bultmann die Auferweckung Jesu gnostisch-doketisch in das fromme Bewußtsein der ersten Jünger verflüchtigt. Der Tote habe weiterhin Macht über seine Jünger behalten, und darin bestünde seine Auferstehung. Die Predigt als Mahnwache für einen Toten? Nein, nicht von der Einbildungskraft der Jünger, sondern von der Heilstat Gottes in Raum und Zeit hängt die Auferstehung ab! An ihr hängt alles, sie ist das Kernstück, ja die Krone des Evangeliums.

So hat es auch der Apostel Paulus gesehen: »Ist aber Christus nicht auferstanden, so ist unsre Predigt vergeblich, so ist auch euer Glaube vergeblich. Wenn die Toten nicht auferstehen, dann ›laßt uns essen und trinken; denn morgen sind wir tot!‹« (1. Kor 15,14+32). Im besagten Aufsatz ist Otto Michel in einen Dialog mit dem Apostel Paulus getreten: »Wie kannst du sagen, wenn Jesus nicht auferweckt ist, dann laßt uns essen und trinken, denn morgen sind wir tot? Dann bleibt doch immer noch der Weg des Alten Bundes übrig: Wenn ich nur dich habe, dann frage ich nichts nach Himmel und Erde…«

»Aber vermutlich würde Paulus lächelnd antworten: Siehst du, wenn du mir die Auferstehung nimmst, dann gehe ich nicht mehr zurück zum Alten

Testament. Ich kann nicht mehr Jude werden. Da komme ich her. Denn der Weg des Alten Testamentes ist ja ein Weg hin zum Kreuz, ist ein Weg hin zur Auferstehung. Nimmst du mir aber das Ziel des Neuen Testamentes, dann gehe ich nicht mehr zurück zum Alten Testament. Dann bleibt mir nur eins übrig, daß ich ganz einfach wie viele andere ein Geschöpf Gottes werde, das ißt und trinkt und nichts, aber auch wirklich nichts mehr von Gott hören will.«

Das ist der harte, zwingende Schluß der Bibel: Ohne Auferstehung ist unser Denken ziellos, ideologieanfällig und unser Glaube wird zum religiösen Wunschdenken! Glauben und Leben ist dann wahrlich für die Katz.

Auf der anderen Seite hat der Glaube an die Auferweckung Jesu ganz große Folgen. Noch einmal Michel:

>Im Glauben an die Auferweckung Jesu nehme ich noch einmal den ganzen Kampf um den Sinn des Lebens auf, um den Sinn des Menschseins, ja auch um den Sinn meines eigenen Ich. Das Ziel des menschlichen Lebens heißt eben doch nicht Sterben, sondern Auferweckung.«

Die Auferstehung Jesu — der Anfang einer neuen Menschheit

Von der Auferstehung Jesu sagt Sören Kierkegaard, sie sei die einzige Neuigkeit auf Erden. Im Vergleich zu dieser gewaltigen Gottestat verblassen alle Schlagzeilen der Weltgeschichte. Hier wurde

28

zum ersten Mal und für immer die Schallmauer des Todes durchstoßen. Es gibt ein Leben, ein ewiges und unzerstörbares Leben nach dem Tode. Wie sehr diese Tatsache tröstet, merken wir an offenen Gräbern, wenn menschlicher Trost teuer wird. Jesus hat schon bei Lebzeiten auf die Gabe des ewigen Lebens hingewiesen, als er mit dem Tode seines Freundes Lazarus konfrontiert war: »Ich bin die Auferstehung und das Leben. Wer an mich glaubt, der wird leben, auch wenn er stirbt; und wer da lebt und glaubt an mich, der wird nimmermehr sterben« (Joh 11,25-26). Wir müssen unsere Rechnung über den Todestag hinaus machen. Es gibt kein Verfallsdatum mehr. Selbst der mächtigste Mensch war bisher machtlos vor dem Zugriff des Todes. Es gab kein Entrinnen. Der Tod war der harte, unerbittliche Feind des Lebens, eine personifizierte Macht, mit der Jesus in Gethsemane gerungen hat (vgl. Lk 22,44 auch Offb 20,14). Nun aber heißt es: »Jesus Christus hat dem Tode die Macht genommen und das Leben und ein unvergängliches Wesen ans Licht gebracht« (2. Tim 1,10). Fortan dürfen wir singen:

> »Jesus lebt! Nun ist der Tod
> mir der Eingang in das Leben...«
> (Ch. F. Gellert)

Aus dem Brief eines Koranlehrers

Bewegend ist in diesem Zusammenhang der Leserbrief eines islamischen Religionslehrers an eine christliche Zeitschrift:

»Ich habe Ihre Zeitschrift gelesen. Ich habe sie immer wieder gelesen. Es war, als ob sich süßes Quellwasser über meine verdurstete Seele ergießen würde. Bitte veröffentlichen Sie Ihre Zeitschrift monatlich und nicht nur vierteljährlich! Durch sie wurde mir deutlich, daß mein islamischer Glaube ein leeres System von Menschenlehren ist.

Ich war Koranlehrer. Aber ich wurde von schrecklicher Todesfurcht geplagt. Wann immer ich an den Tod dachte, war ich fast von Sinnen. Weil ich aber Religionslehrer war, konnte ich mit keinem über meinen Zustand sprechen. Manchmal wollte mir in einsamen Stunden schier übel werden, wenn der Schrekken vor dem Tod mich packte. In Ihrer Zeitschrift aber steht: »Wer an Jesus glaubt, wird nicht sterben, sondern ewig leben.« Als ich das las, fiel ich auf meine Knie und bat Gott in Jesu Namen, die Todesfurcht von mir zu nehmen. Gott hat mein Gebet erhört. Ich sah Jesus im Traum, und seitdem hat er Wunder in unserer Familie vollbracht. Er ersetzte meine Todesangst durch Frieden und Glückseligkeit. Seither hat mich kein Todesschrecken mehr gelähmt.

Wahrlich, Gott hat mir und meinem Haus neues Leben gegeben, während wir noch in dieser Welt leben. Wie kann ich ihn und seinen wunderbaren Namen genug preisen? Mein einziger Wunsch ist, daß das neue Leben, welches Jesus mir und meinem Haus geschenkt hat, auch allen islamischen Völkern geschenkt wird. Amen.«

Vor der Macht des Todes sowie vor dem Todeskampf gibt es eine berechtigte Furcht. Der Hebräerbrief bestätigt, daß Todesfurcht den Menschen ein Leben lang zum Knecht machen kann. »Christus aber hat durch seinen Tod den entmachtet, der die Gewalt über den Tod hat, nämlich den Teufel, um die zu befreien, die durch die Furcht vor dem Tode ihr Leben lang der Knechtschaft verfallen waren« (Hebr 2,14-15 EÜ). Der Teufel hat auf Golgatha seine mächtigste Waffe, den Tod, verloren. Dem Tod ist der Stachel genommen (1. Kor 15,55). Durch seine Auferstehung habe Jesus dem Tod ein Loch in die Pauke gehauen, kommentierte W. Busch einst anschaulich. Nunmehr kann uns kein Dröhnen schrecken. Christ ist erstanden! Der Erstling einer neuen Menschheit, der Anfang einer neuen Welt!

Es ist deswegen kein theologischer Ausrutscher, wenn J. S. Bach das Weihnachtsoratorium in der 6. Kantate mit dem Liedvers von Georg Werner abschließen läßt:

»Nun seid ihr wohl gerochen
an eurer Feinde Schar,
denn Christus hat zerbrochen,
was euch zuwider war.
Tod, Teufel, Sünd und Hölle
sind ganz und gar geschwächt;
bei Gott hat seine Stelle
das menschliche Geschlecht…

Hier werden die wahren Feinde der Menschheit genannt, mit denen Jesus auf Golgatha abgerechnet hat. Als der Stärkere hat er den Starken besiegt, die Menschen befreit, die Beute verteilt (Lk 11,22) und den Fürsten dieser Welt ausgestoßen (Joh 12,31). Über Satan, Tod und Hölle hat er Gottes Rache hereinbrechen lassen (vgl. Jes 35,4), den Tag der Vergeltung (Jes 61,2). Die glaubende Menschheit kann aufatmen. Ihr Gott kam gewaltig (vgl. Jes 40,10)! Mit Jesus kann sie über diese unsichtbaren Feinde herrschen. Einem wohltemperierten, humanisierten Christentum mögen diese geistlichen Realitäten verschlossen sein. Um so überzeugter singt die Gemeinde:

>Herr, wenn die stolzen Feinde schnauben,
so gib, daß wir im festen Glauben
nach deiner Macht und Hilfe sehn!
Wir wollen dir allein vertrauen,
so können wir den scharfen Klauen
des Feindes unversehrt entgehn.«
(Eingangschor der 6. Kantate des W.O.)

Der Tod als Abbruch der Leibeshütte

»Der Sünde Sold ist der Tod« (Röm 6,23). Schon auf den ersten Seiten der Bibel warnt Gott Adam: »An dem Tage, da du von dem Baum der Erkenntnis des Guten und Bösen (Symbol Satans) issest, mußt du des Todes sterben« (1. Mose 2,17). Der Verlust der Gegenwart Gottes durch die Vertreibung aus dem Paradies — der geistliche Tod — sowie die Trennung von Geist und Leib, von Leib und Seele im physischen Tod sind der bittere Lohn für den Aufruhr und Frevel gegen Gott, der das ganze Menschengeschlecht kennzeichnet. Selbst nach empfangener Sündenvergebung durch den Opfertod Jesu bleibt für den Gläubigen ein Bangen und Beschwertsein. Denn bei dem Tod handelt es sich um einen Abbruch des Leibes als Behausung und Hütte (vgl. 2. Kor 5,1). So hat es der König Hiskia empfunden, als er klagte: »Meine Hütte ist abgebrochen und über

32

mir weggenommen wie eines Hirten Zelt« (Jes 38,12). Seit der Auferstehung Jesu Christi warten wir auf eine neue Hütte, einen neuen Leib, »ein Haus nicht mit Händen gemacht, das ewig ist im Himmel« (2. Kor 5,1). Der Wohnungswechsel aber bringt Abbruch und Entkleidetwerden mit sich (2. Kor 5,4) und ein Warten in einem anfälligen »nackten« Zustand bis zum Überkleidetwerden (2. Kor 5,3). Dennoch sind wir gefaßt und getrost, weil wir eine neue Leiblichkeit erwarten und den Geist Gottes als Unterpfand besitzen (2. Kor 5,5). Dieses Gefaßtsein tritt uns in den Worten des Petrus entgegen: »Ich halte es aber für richtig, solange ich in dieser Hütte bin, euch zu erwecken und zu erinnern. Denn ich weiß, daß ich meine Hütte bald verlassen muß, wie es mir auch unser Herr Jesus Christus eröffnet hat« (2. Petr 1,13-14).

Daheim sein allezeit

Wenn dem Gläubigen die Erfahrung des Abbruchs und Abscheidens (analysis: 2. Tim 4,6) nicht erspart bleibt, so bedeutet doch der Tod für ihn, nach Hause zu kommen. »Wir sind aber getrost und haben vielmehr Lust, den Leib zu verlassen und daheim zu sein bei dem Herrn« (2. Kor 5,8). Dann werden wir schauen, was wir geglaubt haben.

Sören Kierkegaard hat auf seinen Grabstein schreiben lassen:

»Noch eine kurze Zeit, dann ist's gewonnen,
Dann ist des Lebens Streit in nichts zerronnen.
Dann darf ich laben mich an Lebensbächen
Und ewig — ewiglich mit Jesus sprechen.«

Daheim! Was für ein Wort für eine unbehauste, geistlich heimatlos gewordene Generation! »Selig sind, die da Heimweh haben, denn sie sollen nach Hause kommen« hat Jung Stilling die Zeit seines Umherirrens überschrieben. Der himmlische Vater läuft dem heimkehrenden Sohn entgegen: So hat Jesus von Gott gesprochen (vgl. Lk 15,11-32).

Es ist wahr: »Der Sünde Sold ist der Tod. Die Gabe Gottes aber ist das ewige Leben in Christus Jesus, unserm Herrn« (Röm 6,23). Nunmehr gilt: »Selig sind die Toten, *die in dem Herrn sterben von nun an*... sie sollen ruhen von ihrer Mühsal, denn ihre Werke folgen ihnen nach« (Offb 14,13). Unsere Werke sind nicht vergeblich, wenn sie für Jesus getan sind (1. Kor. 15,58). Sie folgen uns nach. Sie gehen uns nicht voraus, wie bei Jakob, um Gott gnädig zu stimmen. Wir sind in Jesus und um seinetwillen angenommen. Was aber in Treue für ihn getan wurde, hat Ewigkeitswert. Diese Werke begleiten uns.

Wo weilen die Toten?

Es kann nicht unsere Aufgabe sein, eine Topographie des Totenreiches aufzuzeichnen. Die Bibel gibt uns allerdings Hinweise, daß es in der Vorstellung über das Totenreich eine Entwicklung vom

Alten zum Neuen Testament gibt. Wurden die Toten zunächst zum Ort der Väter versammelt, einem Ort des Dunkels, ohne alle Ordnung (Hiob 10,21-22), ohne Gotteslob (Jes 38,18) und Verkünden der großen Taten Gottes (Ps 88,12-13), an dem sich Fromme und Gottlose zusammenfanden (vgl. Ps 31,18; Jes 14,9-11), so findet sich schon in den Psalmen die Erwartung auf Gottes Eingreifen in die Totenwelt: Die Toren (Gottlosen), »sie liegen bei den Toten wie Schafe, der Tod weidet sie; aber die Frommen werden gar bald über sie herrschen, und ihr Trotz muß vergehen; bei den Toten müssen sie bleiben. Aber *Gott wird mich erlösen aus des Todes Gewalt, denn er nimmt mich auf*« (Ps 49,15-16). In den Apokryphen und der apokalyptischen Literatur des Judentums zwischen dem 4. und letzten Jahrhundert vor Christus bricht dann immer mehr die Vorstellung einer Differenzierung zwischen Frommen und Gottlosen im Totenreich durch, wie es uns in Lk 16 in der Erzählung vom reichen Mann und armen Lazarus bestätigt wird: zwischen dem Armen im Schoße Abrahams und dem Reichen in der Qual der Gottestrennung ist eine große Kluft befestigt (vgl. Lk 16,26), die ein Herüberkommen unmöglich macht. Wir dürfen diese Unterscheidung in prophetischer Vorschau als Folge des Einbruchs Jesu ins Totenreich deuten. Von ihm bekennen wir im Glaubensbekenntnis, daß er ins Reich des Todes hinabgestiegen ist. Um die Menschen zu erreichen, wurde Jesus Mensch (Joh 1,14). Um den Toten das Evangelium zu bringen, wurde Jesus ein Toter (vgl. Offb 1,18). Denn es heißt in 1. Petr 4,6, daß Jesus den Toten die frohe Botschaft seines

Erlösungswerkes verkündet habe. Dadurch wurde es denen, die Jesu Botschaft annahmen, möglich, »nach Gottes Weise das Leben im Geist zu haben« (1. Petr 4,6).

So hat Jesu Höllenfahrt eine Revolution ins Totenreich gebracht. Er ist hinabgefahren in die Tiefen der Erde und wieder aufgefahren in die Höhe, um Gefangene mit sich zu führen, sagt Paulus in Eph 4,8-10. Seither steht für die Gläubigen aus Toten und Lebenden das Paradies wieder offen. »Wahrlich ich sage dir, heute wirst du mit mir im Paradies sein« konnte Jesus dem Verbrecher antworten, der hilfesuchend bat: »Jesus, gedenke an mich, wenn du in dein Reich kommst!« (Lk 23,42-43). Und wir singen zu Weihnacht:

> »Heut schleußt er wieder auf die Tür
> zum schönen Paradeis.
> Der Cherub steht nicht mehr dafür,
> Gott sei Lob, Ehr und Preis.«

Wer sich allerdings unter Toten und Lebenden willentlich dem Gnadenangebot Gottes in Jesus Christus versagt, für den gibt es kein Sündopfer mehr, sondern nur noch »ein schreckliches Warten auf das Gericht und das gierige Feuer« (Hebr 10,27), wie es uns in Lk 16,22 f. geschildert wird. Seinen Jüngern und Nachfolgern aber verspricht Jesus: »In meines Vaters Hause sind viele Wohnungen. Wenn ich hingehe, euch die Stätte zu bereiten, will ich wiederkommen und euch zu mir nehmen, damit ihr seid, wo ich bin« (Joh 14,2-3).

III. Das Neue Zeitalter

Für die New Age Bewegung war der 11.1.92 weltweit ein entscheidender Tag. Durch Konferenzen mit Meditationen und okkulten Zeremonien auf einem Berg im Norden Finlands, in Queenstown auf Neuseeland und an der großen Gizeh — Pyramide in Ägypten sollten um 11.11 Uhr die Tore des vergangenen Zeitalters samt seines christlich-spirituellen Einflußes endgültig geschlossen und die Tore des Neuen Zeitalters geöffnet werden. Um diese Öffnung zu realisieren, sollten »Räder in Rädern« geschaffen werden (eine Anleihe aus Hes 1?, der Verf.). Gläubige New-Age-Anhänger würden die Räder bilden, wenn sie sich an dem besagten Datum weltweit verbinden. Die große Pyramide in Ägypten sollte der Mittelpunkt, der Omegapunkt der gesamten planetarischen Aktion sein. Die Pyramide ein Gegentempel?

New Age — der Beginn eines Neuen Zeitalters?

Betrachtet man das Aktionsprogramm von New Age in seinen wesentlichen Aussagen, so muß man eher von einem Aufwärmen alter, heidnischer Elemente aus Animismus und Pantheismus gewürzt mit ostasiatischer Spiritualität und okkulter Theosophie sprechen, als von einer neuen Bewegung. Neu ist die weltweite Vernetzung dieses Gedankenguts, das schon immer in den Geheimbünden der Freimaurer, Illuminaten und der gefährlichen luziferischen Theosophie gelebt hat, die schwarz in weiß und weiß in schwarz pervertiert. F. Capra, der Vordenker von New Age und gebürtige Österreicher, möchte die monistische Weltschau in das Denken der Menschen einführen, ein altes hinduistisches Denkschema jenseits von gut und böse, das gut und böse in die Gottheit verlegt. Seit Goethe, Heine, Nietzsche bis zu H. Hesse immer wieder die deutschen Dichter fasziniert hat, weil es den Menschen der Verantwortung vor dem Schöpfer enthebt und ihm den Freiraum zum selbsternannten Gottsein gibt. So hatte es dann auch K. Marx praktiziert mit der Maxime, daß der Mensch das höchste Wesen für den Menschen sei. Aus der monistischen Weltschau ergibt sich schlüssig, daß es fortan nicht statthaft ist, Spiritualität zu differenzieren und göttliche von damönischer Spiritualität zu unterscheiden, bzw. von guten und bösen Geistern zu sprechen, vom Heiligen Geist und den unsauberen Geistern, wie die Bibel es tut. Deswegen ist die Öffnung gegenüber dieser undifferenzierten Spiritualität in Yoga-Übungen und Transzendentaler Meditation mit vorgeschriebener Bewußtseinsentleerung so verfänglich und gefährlich. Der Umgang mit Dämonen hinterläßt seine Spuren in Gemütsleiden und seelischen Erschütterungen, gar Perversionen. Und alles, weil gegenüber dieser monistischen Weltschau die Wahrheitsfrage nicht gestellt werden darf, ein erstaunlicher Vorgang!

Vom 15.-21. 5. 1989 fand in Basel die »Ökumenische Versammlung für Gerechtigkeit, Friede und Bewahrung der Schöpfung« statt. Wie stark diese Bewegung vom New-Age-Gedankengut bestimmt ist wird am Beispiel C. F. Weizsäckers, des Inspirators und

Vorreiters der Idee einer Weltversammlung zu diesem Thema deutlich. Auch er will im Bereich der Religionen die Wahrheitsfrage nicht zulassen. In bezug auf die Einzigartigkeit Jesu schreibt er 1977 in seinem Buch »Der Garten des Menschlichen«: »Nur einen Fehler haben die Christen gemacht. Sie haben Jesus als Einzigen, als den Christus erklärt und ihn damit in ein unnachahmbares und insofern unverbindliches Jenseits abgeschoben. Nichts spricht dagegen, daß der Christ sich an Christus als den für ihn rettenden und verbindlichen Herrn und Meister bindet. Aber die Intoleranz, die nur Christus als göttlich kennt, ist in Wahrheit der Schutz der tiefen Angst der Christen vor der Wirklichkeit; zumal vor der Forderung, die Christus an sich selbst stellt; eines Wirklichkeitsverlustes, der sie militant, unaufrichtig, neurotisch, zu Pharisäern macht.« Nichts da mit der Angst der Christen vor der Wirklichkeit! möchte man spontan antworten. Im Gegenteil: Erst die Wahrheitsfrage, der sich v. Weizsäcker hartnäckig verschließt, öffnet den Zugang zur »vollen Wirklichkeit« und bewahrt vor fatalem »Wirklichkeitsverlust«.

In den harten Entscheidungen des Alltags, an denen Gedeih und Verderben der Menschen hängt, ist Toleranz fehl am Platz. Hier ist Sachkompetenz gefragt. Entweder ist eine Diagnose über einen Kranken richtig oder falsch. Entweder ist der Weg bei einer Bergbesteigung richtig oder falsch. Ist er falsch, hat es schon fatale Folgen gehabt. Entweder ist bei der Herstellung eines Produktes die chemische Lösung oder die physikalische Formel richtig oder falsch; das Produkt wird es an den Tag bringen, von Nuklearprozessen ganz zu schweigen! Wie sehr wird in Wirtschaft, Wissenschaft und Technik auf Sachkompetenz gepocht! Und recht so! Nur in den entscheidenden, geistlichen Fragen, die ewiges Heil oder Verderben betreffen, will man die Toleranzbreite ins Unendliche ausweiten und meint, auf Sachkompetenz verzichten zu können. Durch eine weltumfassende religiöse Verbrüderung will man gleichsam das Böse umarmend ersticken und merkt gar nicht, welch geistlicher Scharlatanerie man aufsitzt. Ist das nicht schizophren?

Wenn, dann muß im geistlichen, im spirituellen Bereich die Wahrheitsfrage primär und radikal gestellt werden. Das ist nicht intolerant, sondern lebens- und schöpfungsbewahrend. Die Wahrheit ist dem Leben verpflichtet. Sie enthält befreiende Kraft (vgl. Joh 8,32). Die Lüge und der Vater der Lüge ist der Mörder von Anbeginn (vgl. Joh 8,44). Alle wohlmeinende Harmonisierung zwischen beiden ist deutscher Simplicissimus. Ein wahrheitsliebender Mensch ist nicht militant. Das Wort Jesu und der Heiligen Schrift bedarf nicht des Schwertes oder Feuers, weil es selber schärfer als ein zweischneidiges Schwert in das Gewissen der Menschen dringt (vgl. Hebr 4,12). Aber es will ausgesprochen und gesagt werden. Man darf es doch wohl noch sagen? Schon der Prophet Jesaja erhebt gegen alle ethische und religiöse Vermischung warnend die Stimme: »Weh denen, die Böses gut und Gutes böse nennen, die aus Finsternis Licht und aus Licht Finsternis machen...! Weh denen, die weise sind in ihren eigenen Augen und halten sich selbst für klug!« (Jes 5,20-21).

Es geht um die Wahrheitsfrage, um die Scheidung von Licht und Finsternis. Dazu ist Jesus als das Licht der Welt gekommen. Hat er nicht selbst vor höchster Instanz bekräftigt, daß er in die Welt gekommen sei, um für die Wahrheit Zeugnis abzulegen? Und er beschloß beschwörend: »Wer aus der Wahrheit ist, der hört meine Stimme« (Joh 18,37).

Wenn nun allerdings, wie es den Anschein hat, die New Age Bewegung immer mehr zu einer luziferischen Bewegung mit offener Anbetung Satans, etwa unter dem Decknamen eines Maitreya-Christus wird (vgl. Mk 13,21-22), dann könnte es heißen: Antichristus ante portas! der Antichrist steht vor der Tür und die Zeit beginnt, von der Paulus gesagt hat: »In den letzten Zeiten werden etliche vom Glauben abfallen und sich betrügerischen Geistern und den Lehren von Dämonen zuwenden« (1. Tim 4,1 EÜ)

Solange das Wort der Wahrheit Gehör findet, müssen wir das schneidende Verdikt des Apostels Paulus über die heidnischen Religionen ernst nehmen: »Flieht den Götzendienst! Was man dort opfert, das opfert man nicht Gott, sondern den Dämonen. Ich will jedoch nicht, daß ihr euch mit Dämonen einlaßt« (1. Kor 10,14.20 EÜ). Deswegen haben multireligiöse Gebete, die nach dem Friedensgebet von Assisi nun auch vor Ort wie Pilze aus dem Boden schießen, keinen Platz in der Gemeinde Jesu. »Wollen wir die Eifersucht des Herrn wecken? Sind wir stärker als er?« (1. Kor 10,22 EÜ). Es kann keine Gemeinschaft zwischen Licht und Finsternis, zwischen Wahrheit und Lüge, zwischen Christus und Beliar, zwischen dem Tempel Gottes und Götzenbildern geben (vgl. 2. Kor 6,14-16). Denn unser Gott ist ein heiliger Gott, und die Gültigkeit des 1. Gebotes ist nicht aufgehoben: »Ich bin der HERR, dein Gott ... Du sollst keine anderen Götter haben neben mir« (2. Mose 20,2-3).

Dieses und das kommende Zeitalter

In der jüdischen Apokalyptik ist das Begriffspaar Olam hasäh und Olam habah — dieses und das kommende Zeitalter, oder: diese und die zukünftige Welt — ein stehender Ausdruck. Jesus nimmt ihn auf, wenn er von dieser und jener Welt spricht (vgl. Mt 12,32) oder von dieser Zeit und dem kommenden Zeitalter (vgl. Mk 10,30). Tod und Auferstehung Jesu bildet dabei den Schnittpunkt beider Zeitalter, gleichsam des Kreises des ausgehenden und des Kreises des anbrechenden Zeitalters. Denn mit seinem Kommen ist das Himmelreich auf Erden angebrochen (vgl. Mk 1,15!). Wir brauchen kein Neues Zeitalter! Es ist bereits da! Will man dennoch eines proklamieren, dann kann es sich nur um den Wiederbelebungsversuch eines abgelebten Zeitalters handeln.

Die Auferstehung Jesu und die Auferweckung der Toten spielt bei dem Wechsel des Bezugsrahmens zwischen altem und neuem Zeitalter die entscheidende Rolle. Der aus den Toten Erstandene wird »der Erstling« unter den Entschlafenen genannt (1. Kor 15,20), der Anfang einer neuen

Menschheit, »der letzte Adam, der Geist, der lebendig macht« (1. Kor 15,45). Ist jemand in Christus und lebt in ihm, so ist er schon heute eine neue Kreatur (2. Kor 5,17). Dieser Tatbestand führt zur Unterscheidung zwischen den »Kindern der Welt« und den »Kindern der Auferstehung«, die Jesus in Lk 20, 34-36 vornimmt.

Das neue Zeitalter, das Jesus im Kreis seiner Jünger begonnen und das er unter alle Völker auszubreiten befohlen hat (vgl. Mt 28,18-20), wird erst bei seiner sichtbaren Wiederkunft alle Menschen überzeugen, wenn die Tore dieses Zeitalters endgültig geschlossen werden (vgl. Mt 24,3; 28,20).

B. Die Zukunft der Gemeinde

In der Gemeinde Jesu kann keine »no future«-Stimmung aufkommen. Durch die Auferstehung Jesu Christi von den Toten hat sie teil an einer Hoffnung, die Mut zum Leben gibt (vgl. 1. Petr 1,3), wenn sie »an der Zuversicht und an dem stolzen Bewußtsein festhält, das unsere Hoffnung uns verleiht« (Hebr 3,6 EÜ). Der Grund ihrer Hoffnung ist Jesus und seine Wiederkunft in Herrlichkeit.

I. Die Wiederkunft Jesu Christi

Warum erwarten wir die Wiederkunft Jesu?

Jesus hat bei seinem ersten Kommen bewußt auf Macht und Herrlichkeit verzichtet (vgl. 2. Kor 8,9; Phil 2,7), um die Prophetie des Gottesknechtes (des Ebed Jahwe) zu erfüllen, der nicht kam, »um sich dienen zu lassen, sondern um zu dienen und sein Leben als Lösegeld für viele hinzugeben« (Mk 10,45 EÜ). Es handelt sich um die Prophetie vom leidenden Gottesknecht in Jes 53. »Christus ist *einmal* geopfert worden, die Sünden vieler wegzunehmen; zum zweiten Mal wird er nicht der Sünde wegen erscheinen, sondern denen zur Rettung, die auf ihn warten« (Hebr 9,28). So hat es Ph. F. Hiller besungen:

> »Wir warten dein, o Gottessohn,
> und lieben dein Erscheinen.
> Wir wissen dich auf deinem Thron
> und nennen uns die Deinen.
> Wer an dich glaubt,
> erhebt sein Haupt
> und siehet dir entgegen.
> Du kommst uns ja zum Segen.«

Jesu Kommen als Knecht stellt eine Teilerfüllung der alttestamentlichen Prophetie dar, die uns auf die Ganzerfüllung, Jesu Kommen als König und Weltenrichter, noch warten läßt. »Denn es wird geschehen, daß der Menschensohn kommt in der Herrlichkeit seines Vaters mit seinen Engeln, und dann wird er einem jeden vergelten nach seinem Tun« (Mt 16,27). Der Vater hat dem Sohn Vollmacht gegeben, um das Gericht zu halten (vgl. Joh 5,27). »Er wurde von Gott zum Richter der Lebenden und Toten bestimmt« (Apg 10,42), als solcher wird er den gesamten Erdkreis richten (Apg 17,31). Und als König wird er die Völker mit eisernem Zepter regieren (vgl. Offb 19,15-16). Am Kreuz sei die Schuldfrage des Menschen geklärt worden. Die Lösung der Machtfrage und der herrschenden Ungerechtigkeit würde die Wiederkunft Jesu bringen. So hat es Karl Heim gelehrt. Die ungerechte Enthauptung Johannes des Täufers (vgl. Mk 6,17-29), sowie millionenfache Rechtsunterdrückungen schreien nach Durchsetzung göttlicher Gerechtigkeit.

Das Problem der Theodizee,
der Gerechtigkeit Gottes

Wir leben in einer gefallenen Welt, die uns viele Rätsel aufgibt. Das Verständnis von geschehener Teil- und ausstehender Ganzerfüllung wirft hilfreiches Licht auf die Frage nach der Gerechtigkeit Gottes.

Wiederholt fragen die Beter in den Psalmen sowie der leidende Hiob, warum es den Gottlosen so gut ginge, während der Gerechte leiden müsse (vgl. bes. Ps 73). Der Blick auf das jähe Ende der Ungerechten, die plötzlich untergehen und ein Ende mit Schrecken nehmen (Ps 73,17-19), stellte im Alten Testament einen ersten Antwortversuch dar. Das Neue Testament gibt uns eine doppelte Antwort auf diese bohrende Frage. Gott hält das Gericht zurück, »weil er Geduld mit uns hat und nicht will, daß jemand verloren geht, sondern daß jedermann zur Umkehr findet« (2. Petr 3,9). Deswegen fragt Paulus den Verächter der Geduld und Langmut Gottes: »Weißt du nicht, daß dich Gottes Güte zur Umkehr treibt?« (Röm 2,4 EÜ). Wer aber starrsinnig und unbußfertig in seinem Herzen bleibt, häuft sich selbst Zorn an auf den Tag des Zorns und gerechten Gerichtes Gottes (Röm 2,5). Dann allerdings wird Gott mit Ungnade und Zorn denen vergelten, die der Wahrheit nicht gehorcht haben. »Trübsal und Angst über alle Seelen der Menschen, die Böses tun,… Herrlichkeit aber und Ehre und Frieden all denen, die Gutes tun« (Röm 2,9-10).

Der Hinweis auf die Langmut Gottes läßt uns auch die zweite Antwort verstehen. Gott greift erst richtend und vernichtend ein, wenn die Bosheit des Menschen ausgereift ist. Zur Zeit der Ernte wird Unkraut und Weizen geschieden. Zuvor dürfen beide zusammen wachsen (vgl. Mt 13,24-30). Doch dann wird das Unkraut gebündelt und verbrannt, der Weizen aber in die Scheunen gesammelt. Gott ist also nicht schwach und säumig der Ungerechtigkeit der Menschen gegenüber. Er wartet aufs Reifwerden, auf die Ernte. Auch wir haben diese Geduld nötig (Hebr 10,35-36). Der Volksmund sagt:

>»Gottes Mühlen mahlen langsam,
mahlen aber furchtbar fein,
wenn mit Langmut er auch säumet,
holt mit Schärf' er alles ein.«

Auf diesem Hintergrund verstehen wir die Seligpreisung Jesu: »Selig sind, die da hungert und dürstet nach der Gerechtigkeit, denn sie sollen satt werden« (bei Jesu Wiederkunft, der Verf.) (Mt 5,6).

Jesus kommt mit seiner Gemeinde wieder

Wie ihr Herr so ist die Gemeinde zum Dienen in dieser Welt berufen (Mk 10,42-44). Sie ist vom Kreuz gezeichnet und trägt es Jesus nach, wahrlich eine ecclesia crucis! Sie ist die umkämpfte, kleine Herde, als Schafe unter die Wölfe gesandt (Lk 10,3), der jedoch das Reich versprochen ist (vgl. Lk 12,32). Nurmehr unsichtbar hat sie an der Herrlichkeit Jesu als ihrem Haupt Anteil, ist sie ecclesia gloriae — auf den

Augenblick wartend, an welchem Jesus sichtbar vor den Augen der Welt seine Reichsgewalt einnimmt und die Gemeinde würdigt, ihm in die Regierungsgewalt zu folgen (vgl. Offb 3,21). Wer geduldet hat, soll auch mit ihm herrschen (2. Tim 2,12).

Deswegen wird Jesus nicht nur mit seinen Engeln wiederkommen, sondern auch mit seiner Gemeinde. »Unser Herr Jesus kommt mit allen seinen Heiligen« (1. Thess 3,13, vgl. auch Sach 14,5). Damit das möglich wird, muß zuvor allerdings Entscheidendes an der Gemeinde geschehen.

II. Entrückung und Erstauferstehung

Die Entrückung

Von der Entrückung spricht der Apostel Paulus als von einem Geheimnis, das entsprechend behandelt werden muß. Philipp Melanchthon hat über die Gottesgeheimnisse in der Schrift gesagt, sie seien nicht dazu da, um analysiert, sondern um angebetet zu werden. Nur dem Anbetenden erschließen sie sich. Im 1. Kor 15,51 schreibt Paulus: »Siehe, ich sage euch ein Geheimnis: Wir werden nicht alle entschlafen, wir werden aber alle verwandelt werden; und das plötzlich, in einem Augenblick, zur Zeit der letzten Posaune. Denn es wird die Posaune erschallen, und die Toten werden auferstehen unverweslich, und *wir werden verwandelt werden*« (1. Kor 15,51-52). Die Verwandlung des Leibes ermöglicht es dem Teil der Gemeinde, der die Wiederkunft Jesu »life« er-

lebt, dem Herrn »auf den Wolken in die Luft« entge-
gengerückt zu werden (vgl. 1. Thess 4,17). Wie Jesus
seiner Gemeinde Anteil an der Kraft seiner Auferstehung gibt, so wird er ihr auch an seiner Himmelfahrt
in einer verwandelten Leiblichkeit Anteil geben.
Von dieser Entrückung spricht Jesus, wenn er sagt:
»Dann wird von zwei Männern, die auf dem Felde arbeiten, einer mitgenommen und einer zurückgelas-
sen. Und von zwei Frauen, die mit derselben Mühle
mahlen, wird eine mitgenommen und eine zurückge-
lassen« (Mt 24,40-41 EÜ). Oder: »In jener Nacht werden zwei auf *einem* Bett liegen, der eine wird angenommen, der andere wird preisgegeben (Lk 17,34).
Die Entrückung wird Lücken auf der Erde hinterlas-
sen. Für die Zurückgebliebenen ist es ein Bußruf, um
vor der bevorstehenden Wiederkunft Jesu noch um-
zukehren.

Die Erstauferstehung

Parallel zur Entrückung findet die Erstauferstehung statt. Es ist Paulus ganz wichtig, daß die, die
leben und übrigbleiben bis zur Ankunft des Herrn,
denen nicht zuvorkommen, die entschlafen sind (vgl.
1. Thess. 4,15). »Denn er selbst, der Herr, wird, wenn
der Befehl ertönt, wenn die Stimme des Erzengels
und die Posaune Gottes erschallen, herabkommen
vom Himmel, und zuerst werden die Toten, die in
Christus gestorben sind, auferstehen. Danach werden wir, die wir leben und übrigbleiben, *zugleich mit
ihnen entrückt* werden auf den Wolken in die Luft,

dem Herrn entgegen« (1. Thess 4,16-17). Das wird eine einzigartige, erdumspannende Himmelfahrt geben, wenn die Gläubigen aus allen Generationen und Völkern sich bei Jesus versammeln in der Luft, d. h. in der unsichtbaren Welt, wenn die Wolke sie hinwegnimmt!

Der Begriff der Erstauferstehung findet sich in Offb 20,5-6. Die Sache wird des öfteren im Neuen Testament angesprochen. So spricht Jesus davon, daß er beim Erscheinen des Zeichens des Menschensohnes am Himmel seine Engel mit hellen Posaunen aussenden wird um seine Auserwählten von den vier Winden zu sammeln, wenn wir Mt 24,31 in diesem Zusammenhang sehen dürfen. Paulus gibt in 1. Kor 15,23 f. eine Auferstehungsordnung und -reihenfolge an: »Als Erstling Christus; danach, wenn er kommen wird, die, die Christus angehören; danach das Ende (oder der Schluß der Auferstehung, der Verf.), wenn er das Reich Gott, dem Vater, übergeben wird.«

Jesus spricht in Lk 14,14 von einer Auferstehung der Gerechten, und in Lk 20,35 von solchen, die »gewürdigt werden, ... die Auferstehung aus den Toten zu erlangen« (so wörtlich). Daß es eine Erst- und Auswahlauferstehung gibt, deutet auch Paulus mit dem Hinweis an, daß er unbedingt an der Exanastasis, der »Aus-auferstehung« Anteil haben möchte (Phil 3,11).

Eines ist deutlich: es gibt eine Qualifikation, um an der Erstauferstehung und an der Entrückung teilzuhaben. Man muß »Christus angehören« (1. Kor 15,23) oder »in Christus gestorben sein« (1. Thess

4,16). »Wer überwindet…, dessen Namen will ich bekennen vor meinem Vater und vor seinen Engeln« (Offb 3,5). »Wer überwindet, dem will ich geben, mit mir auf meinem Thron zu sitzen« (Offb 3,21). Nur durch Christus überwinden wir. Durch ihn sind wir mehr als Überwinder (Röm 8,37).

Entrückung und große Trübsal

Es ist eine alte Streitfrage, ob die Gemeinde vor, während oder nach der großen Trübsal entrückt wird. Mit der großen Trübsal werden die Endgerichte Gottes über diese Erde bezeichnet, die besonders während der Weltregierung des Antichristen katastrophale und gar kosmische Ausmaße annehmen werden. Eines steht fest: Die Gemeinde muß vor der Wiederkunft Jesu und vor dem Endkampf Christi mit dem Antichristen entrückt sein, denn sie soll zusammen mit Christus wiederkommen (vgl. 1. Thess 3,13). Die bekannte Stelle in Mt 24,21-22 muß streng auf das Volk Israel bezogen werden. So verlangt es der Kontext von V. 15 an, der von Jerusalem und dem Tempel spricht! »Denn es wird dann eine große Bedrängnis sein, wie sie nicht gewesen ist von Anfang der Welt bis jetzt und auch nicht wieder werden wird. Und wenn diese Tage nicht verkürzt würden, so würde kein Mensch (Israelit, der Verf.) selig werden; aber um der Auserwählten willen werden diese Tage verkürzt.« Seiner Gemeinde hat Jesus nahegelegt, darum zu beten, nicht in die Endversuchung (so eigentlich) hineingeführt zu werden (Mt 6,13) und der Gemeinde in Philadelphia verspricht er: »Weil du mein Wort von der Geduld bewahrt hast, will auch ich dich *bewahren vor* der Stunde der Versuchung, die kommen wird über den ganzen Weltkreis, zu versuchen, die auf Erden wohnen« (Offb 3,10). Trübsal und Verfolgung waren schon immer das Los der Gemeinde Jesu, durch die sie geläutert und geprüft wurde. »Alle, die gottesfürchtig leben wollen in Christus Jesus, müssen Verfolgung leiden« (2. Tim 3,12) und: »Jeder wird mit Feuer gesalzen werden« (Mk 9,49). Es ist deswegen naheliegend, daß die Gemeinde Jesu, die ihm in allen Prüfungen und Gerichten treu geblieben ist (Lk 22,28 u. 1. Petr 4,17), vor der Kulmination des Bösen in der Person des Antichristen zu Jesus entrückt wird. Ein weiterer Tatbestand erhärtet diese Annahme.

Die Gemeinde als Hemmnis für die Entfaltung des Antichristen

Jesus hat seine Gemeinde befähigt, Salz der Erde und Licht der Welt zu sein (vgl. Mt 5,13+14). Als Licht hält sie die Finsternis zurück, und als Salz wehrt sie dem Fäulnisprozeß des Bösen. Wenn es einmal das Licht und die Salzkraft Jesu in Form der Gemeinde nicht mehr gibt, dann ist es wahrlich zappenduster in der Welt und das Böse kann sich voll entfalten.

Auf diesen Sachverhalt scheint der Apostel Paulus anzuspielen, wenn er davon spricht, daß etwas das Kommen des Antichristen noch aufhält. »Ihr wißt, was ihn noch aufhält, bis er offenbart wird zu seiner Zeit. Denn es regt sich schon das Geheimnis der Bosheit; nur muß der, der es jetzt noch aufhält, weggetan werden (aus der Mitte getan werden, so wörtlich der Verf.), und dann wird der Böse offenbart werden« (2. Thess 2,6-8). Dieses aufhaltende Moment ist die Präsenz der Jesus-treuen Gemeinde in der Welt, die sich dem Abfall versagt hat (2. Thess 2,3). Ist sie aus der Mitte getan, dann wehe dieser Erde! Die Gemeinde darf dann »allezeit bei dem Herrn sein« (1. Thess 4,17). Nichts mehr wird sie von ihrem Haupt und Bräutigam trennen können. Deswegen: »Tröstet euch mit diesen Worten untereinander!« (1. Thess 4,18).

III. Die Auferstehung des Leibes

Welch ein Wunderland betreten wir hier! Wer hat nicht schon unter der Vergänglichkeit seines Leibes gelitten, unter von Krankheit, Sünde und Tod entstellter Leiblichkeit! Auch der Gläubige sehnt sich nach der Erlösung des Leibes, die ihn der Versuchlichkeit enthebt (vgl. Gal 5,17; Röm 7,23; 8,23). Und dieser Leib soll neu werden, unverweslich und unvergänglich! Wahrlich, Gott hält an dem Werk seiner Schöpfung fest und hat sich in der Verwandlung und Auferstehung des Leibes ein wahres Meisterwerk ausgedacht!

Die innere Notwendigkeit der leiblichen Auferstehung

Im Gegensatz zu Tieren, Vögeln und Fischen, die Gott durch sein Allmachtswort ins Dasein rief, betont die Bibel, daß Gott den Menschen mit eigener Hand aus der Erde des Ackers geformt habe (1. Mose 2,7). Was Gottes Hand berührt hat, kann nicht unrein sein. »Ich bin wunderbar gemacht«, bekennt der Psalmist (Ps 139,13-14). Der Leib des Menschen ist nicht ein Gefängnis für die Seele, die durch ihn in Unfreiheit gehalten wird, wie es Plato lehrte, sondern der Leib ist Hütte und Wohnstatt für den inneren Menschen, wie es in der Bibel dargelegt ist (vgl. Jes 38,12; 2. Kor 5,1 f.). Geister und Dämonen haben keinen Leib (Lk 24,39), sie sind wohnungs- und ruhelos und suchen Menschen, von denen sie Besitz ergreifen können (vgl. Mt 12,43-45). Der Leib schützt und birgt den Menschen. Ohne Leib hätte der innere Mensch keine Ausdrucksmöglichkeit, könnte Unsichtbares nicht sichtbar werden, gäbe es keine Fenster zum Herzen. Der Leib ist deswegen kein lästiges Anhängsel des Menschen. »Ich bin Leib«, hat W. Stählin betont. Ja er hat geradezu von einer sakramentalen Existenz des Menschen gesprochen.

Die Trennung von Geist, Seele und Leib in der Sterbestunde (vgl. Pred 12,7) stellt eine Folge der Sünde dar (vgl. 1. Mose 3,19; Röm 6,23). Ohne Auferstehung des Leibes würde dieser Riß in der neuen Schöpfung verewigt. Der Mensch wurde in der Einheit von Geist, Seele und Leib erschaffen (vgl.

1. Thess 5,23). In dieser Einheit wird er auch erlöst und neu geschaffen.

Es muß auch darauf hingewiesen werden, daß der Leib des Gläubigen schon jetzt ein Tempel des Heiligen Geistes ist (1. Kor 6,19). Gott ist bereit, zusammen mit seinem Sohn durch den Heiligen Geist in ihm zu wohnen (vgl. Joh 14,23). Schon jetzt ist unser Leib ein Glied am Leibe Christi (1. Kor 6,15). Es wäre unvorstellbar, daß Gott dieses Werk der Erneuerung des Leibes aufgibt und fallen läßt. Nein, »Gott wird nicht fahren lassen das Werk seiner Hände« (Ps 138,8). Paulus folgert: »Wenn nun der Geist dessen, der Jesus von den Toten auferweckt hat, in euch wohnt, so wird er, der Christus von den Toten auferweckt hat, auch *eure sterblichen Leiber lebendig machen durch seinen Geist,* der in euch wohnt« (Röm 8,11).

So bekennt sich die Gemeinde im apostolischen Glaubensbekenntnis zur Auferstehung des Leibes. Sie erwartet nicht — wie Plato — eine Erlösung vom Leibe, sondern mit Paulus die Erlösung des Leibes (vgl. Röm 8,23).

Die Beschaffenheit des Auferstehungsleibes

»Jesus Christus wird unseren nichtigen Leib verwandeln, daß er gleich werde seinem verherrlichten Leibe nach der Kraft, mit der er sich alle Dinge untertan machen kann« (Phil 3,21). Der Auferstehungsleib der Gläubigen wird dem Auferstehungsleib Jesu gleichen, symmorphos = ebengestaltig heißt es wörtlich. Was für eine hohe Würde! Damit wird der Auferstehungsleib Jesu zur Anschauungshilfe für uns. Jesus ist der Erstgeborene unter vielen Brüdern, die »gleich (wieder symmorphos) sein sollten dem Bilde seines Sohnes« (Röm 8,29).

Es ist interessant, was der Arzt Lukas über den Auferstehungsleib Jesu zu berichten hat (vgl. Lk 24,39-43). Er ist zu sehen, anzufassen und zu fühlen, hat Fleisch und Knochen, die ein Geist nicht hat, und kann sogar essen. Uns interessieren vor allem fünf Aspekte des Herrlichkeitsleibes.

Kontinuität

Jesus war in seinem Auferstehungsleib für seine Jünger erkennbar. Er zeigte ihnen seine Leidensmale an Händen und Füßen und seiner Seite (Lk 24,40; Joh 20,20.27). Auch Mose und Elia waren auf dem Berg der Verklärung erkennbar (Lk 9,30). So dürfen wir mit einer Kontinuität zwischen irdischem und geistlichem Leib rechnen. Aussehen und Form als Leib sind beibehalten. Der Stoff ist verändert. Diese Kontinuität bezieht sich auch auf den Leib derer, die »zu ewiger Schmach und Schande erwachen« (Dan 12,2) und die aus den Gräbern »zur Auferstehung des Gerichts« hervorgehen, weil sie Böses getan haben (Joh 5,29).

»Es wird gesät ein natürlicher Leib und wird auferstehen ein geistlicher Leib« (1. Kor 15,44). Als Nachkommen des ersten Menschen ist unser Leib irdisch, von der Sünde und dem Tod gezeichnet. Als Wiedergeborene und Nachkommen Jesu, des letzten Adam (vgl. 1. Kor 15,45), ist unser Leib vom Himmel und vom Geist gezeichnet. »Wie wir getragen haben das Bild des irdischen, so werden wir auch tragen das Bild des himmlischen« (1. Kor 15,49). Der Auferstehungsleib ist ein Geistleib und wird voll und ganz dem Geist unterstehen, vom Geist beherrscht sein.

Frei von Materie, Raum und Zeit

Der irdische Leib ist an Materie, Raum und Zeit gebunden. Der himmlische Leib ist unabhängig und frei. Er braucht nicht mehr zu essen und zu schlafen und kann von Mauern und verschlossenen Türen nicht behindert werden (vgl. Joh. 20,19). In ihm kann die Gemeinde Gott Tag und Nacht dienen, ohne zu ermüden (vgl. Offb 7,15), und mit ihm kann die Gemeinde im kommenden Reich an einem Tisch mit Jesus, ihrem Herrn, essen und trinken (vgl. Lk 22,30). Der Auferstehungsleib erhebt uns über die Grenzen von Raum und Zeit. Örtliche Entfernungen sind überwunden. Jesus spricht mit den Emmausjüngern und entschwindet (Lk 24,31). Unabhängig voneinander zeigt er sich Maria Magdalena (Joh 20,16), Petrus (Lk 24,34) und den zehn Jüngern (Joh

20,19) am Auferstehungstage. Dieser Leib ist nicht mehr der Vergänglichkeit unterworfen. Er ist unverweslich und unsterblich (1. Kor 15,53).

Frei von geschlechtlicher Polarisation

Die geschlechtliche Polarisation wird aufhören. Nach der Auferstehung werden die Menschen wie die Engel im Himmel sein. »Sie werden weder heiraten noch sich heiraten lassen« (Mt 22,30). Die Fortpflanzung ist nicht mehr relevant. Die Menschen »können nicht mehr sterben, weil sie den Engeln gleich und durch die Auferstehung zu Kindern Gottes geworden sind« (Lk 20,36). Die Fixierung aufeinander wird durch die Faszination, die von Jesus ausgeht, aufgehoben. In der Gemeinde als Leib Jesu darf die geschlechtliche Polarisierung schon heute zur Ruhe kommen: »Hier ist nicht Mann und Frau; denn ihr seid allesamt *einer* in Christus Jesus« (Gal 3,28).

Ein Lichtleib

Von dem verklärten Leib Jesu wird berichtet, daß sein Angesicht wie die Sonne leuchtete und seine Kleider weiß wie das Licht wurden (Mt 17,2). Ebenso werden »die Gerechten leuchten wie die Sonne in ihres Vaters Reich« (Mt 13,43). Und besonders von den Lehrern heißt es, »sie werden leuchten, wie des Himmels Glanz, und die viele zur Gerechtigkeit weisen, wie die Sterne immer und ewiglich« (Dan 12,3).

Wahrlich: Der Auferstehungsleib ist ein Herrlichkeitsleib. Er übertrifft all unsere menschlichen Vorstellungen. Er ist unvergänglich, vollkommen, frei von Krankheit und Beschränkungen. Er ist die Liebesgabe des himmlischen Vaters an seine erlösten Kinder. Er stammt aus dem Himmel, ist göttlich durchplant, ist aus Geist-Stoff gebildet und gleicht dem Herrlichkeitsleib Jesu Christi.

»Dank sei Gott für sein unfaßbares Geschenk!« (2. Kor 9,15 EÜ)

IV. Der Richterstuhl Christi

Nach der Erstauferstehung und Entrückung und inmitten der Freude über die neue Leiblichkeit muß sich die Gemeinde dem Richterstuhl Christi stellen. »Wir müssen alle offenbar werden vor dem Richterstuhl Christi, damit jeder seinen Lohn empfange für das, was er getan hat bei Lebzeiten, es sei gut oder böse« (2. Kor 5,10). Paulus sagt »wir« und schließt sich selbst mit ein. Wer ist gemeint? Wer muß vor Christus erscheinen?

Die Rechenschaft der Mitarbeiter

Es ist wahr: Wer Jesu Wort für sich verbindlich gemacht hat und ihm glaubt, »kommt nicht ins Gericht« (Joh 5,24), denn für die, »welche in Christus Jesus sind, gibt es keine Verurteilung mehr« (Röm

8,1). Das Heil, das wir durch Glauben (Röm 3,28) und umsonst (Eph 2,5) empfangen haben, hat uns zu Gottes Kindern gemacht. Als Knechte und Mitarbeiter Christi müssen wir aber verantworten, wie wir dieses Heil verwaltet haben. Denn man kann die Gnade Gottes auch »vergeblich empfangen« (vgl. 2. Kor 6,1), und der Glaube ohne Werke ist tot (Jak 2,26). Deswegen müssen wir vor dem Richterstuhl Christi Rechenschaft ablegen, nicht um verurteilt zu werden, sondern um uns beurteilen zu lassen. Er hat uns ja »seine ganze Habe anvertraut« (vgl. Mt 25,14 f.). Die Gemeinde ist Haushälterin über die Geheimnisse Gottes (1. Kor 4,1), über seinen Heilsplan (1. Kor 9,17 wörtlich). Sie ist das Haus Gottes, »ein Pfeiler und eine Grundfeste der Wahrheit« (1. Tim 3,15). Auf ihr ruht die Heilsverantwortung für die Völker (Mt 28,18-20). Sie muß von ihrer Haushalterschaft Rechenschaft ablegen, wie es Jesus immer wieder betont hat (vgl. Lk 12,42-48; Mt 24,45-51). So wird nicht Heil oder Verlorenheit, sondern über Lohn und Verlust vor dem Richterstuhl Christi entschieden.

Der Maßstab Christi

Treue sucht der Hausherr bei seinen Knechten und Mägden, Treue und nochmals Treue. »Von Verwaltern verlangt man, daß sie sich treu erweisen« (1. Kor 4,2 EÜ). »Recht so!« lobt der Herr im Gleichnis seinen tüchtigen und *treuen Knecht*. »Du bist über wenigem treu gewesen, ich will dich über viel setzen« (Mt 25,21+23). Diese Treue gilt es in kleinen

Dingen zu üben. Denn »wer im Geringsten treu ist, der ist auch im Großen treu, und wer im Geringsten ungerecht ist, der ist auch im Großen ungerecht« (Lk 16,10). Und Jesus fährt fort: »Wenn ihr nun mit dem ungerechten Mammon/Reichtum nicht treu seid, wer wird euch *das wahre Gut* anvertrauen?« (Lk 16,11).

Gott fordert nichts, was er nicht zuvor gegeben hat. Der Begriff des Haushalters und Verwalters besagt, daß uns etwas zum Verwalten übergeben worden ist. Gott hat seiner Gemeinde »das wahre Gut« anvertraut, das Heilsgut in seinem Wort und Evangelium und seine Ausrüstung in den Heilsgaben. Handeln und arbeiten wir damit? Geben wir Gottes Wort als geistliche Speise weiter und teilen es aus zur rechten Zeit (vgl. Mt 24,45), oder erschlagen wir Mitknechte und Mitmenschen mit überhöhten, idealistischen Forderungen oder mit ideologischen und politischen Programmen? Trifft nicht weithin auf Gemeinde und Gesellschaft in Deutschland das Wort Jesu zu: Sie sind »wie Schafe, die keinen Hirten haben« (vgl. Mk 6,34)? Oder bringen wir gar unser eigenes Schäfchen ins Trockene (vgl. Lk 12,45)? Nochmals: Nur das anvertraute Gut gilt es zu verwalten und zu verdoppeln, nicht eine Eigenproduktion, damit kein falsches Elitedenken aufkommt. Im Gegenteil: Was in eigenem Eifer und selbstherrlicher Kraft im Reich Gottes erstellt und erarbeitet wurde, wird elend zugrunde gehen (Gal 6,7-8). »Alles, was wir selber wollen, ist verbannt zu schnellem Tod«, heißt es im Lied. Was aus dem Eigenen, nicht aus dem Geschenkten für Gott und sein Reich gewirkt wurde, wird wie Heu und Stroh verbrennen (vgl. 1. Kor 3,

12-13). Denn »alle Pflanzen, die mein himmlischer Vater nicht gepflanzt hat, werden ausgerissen werden« (Mt 15,13). Deswegen hat Martin Luther gesagt: »Gott schuf die Welt aus dem Nichts, und alles, was Gott brauchen will, macht er zuerst zu nichts.« — Wie Mose treu war als Knecht und wie Christus treu war als Sohn, so sollen auch wir als Knechte und Söhne treu sein in Gottes Haus, wenn anders »wir sein Haus sind und an dem stolzen Bewußtsein festhalten, das unsere Hoffnung uns verleiht« (vgl. Hebr 3,5-6 EÜ).

»Er hat uns seiner Wahrheit Schatz
zu wahren anvertrauet.
Für ihn wir treten auf den Platz
und wo's den Herzen grauet,
zum König aufgeschauet!«
(Friedrich Spitta)

Der Ernst des Richters

Jesu Augen sind wie Feuerflammen (Offb 1,14). Er bringt ans Licht, was im Finstern verborgen ist und deckt die Absichten der Herzen auf (1. Kor 4,5). Weil nur Jesus ins Herzen blicken kann, ist es uns verwehrt, »vor der Zeit zu richten« (1. Kor 4,5). Wir dürfen unter keines Menschen Taten den Schlußstrich ziehen und ihn abschreiben. »Richtet nicht!« (Mt 7,1), »Prüft aber alles!« (1. Thess 5,21). Die Arbeit der Diener und Mitarbeiter Christi muß die Feuerprobe bestehen. Was wir in unserem Leben auf dem Heilsgrund Christi aufgebaut haben, wird der Tag des Gerichtes klar machen, »denn mit Feuer wird er sich offenbaren« (1. Kor 3,13). »Das Feuer wird prüfen, was das Werk eines jeden tauge. Hält stand, was er aufgebaut hat, so empfängt er Lohn. Brennt es nieder, dann muß er den Verlust tragen. Er selbst aber wird gerettet werden, doch so wie durchs Feuer hindurch« (1. Kor 3,13-15).

Weil es in der Verwaltung des Evangeliums um Heil und Unheil der Mitknechte, ja der Mitvölker geht, trifft den faulen und egoistischen Mitarbeiter ein hartes Los. Er wird »Schläge erleiden« (Lk 12, 47-48), wird »in die Finsternis geworfen« (Mt 25,30) und »bekommt seinen Teil mit den Heuchlern und Ungläubigen« (Mt 24,51; Lk 12,46). So geht es für den bösen Knecht an die Grenze des Heilsverlustes. Jesus mußte seiner Gemeinde in Sardes sagen: »Du hast den Namen, daß du lebst, und bist tot« (Offb 3,1), und er fordert sie zum Überwinden auf, damit ihr Name nicht aus dem Buch des Lebens ausgetilgt wird (vgl. Offb 3,5). Der abgefallenen Gemeinde aber gilt, daß ihrer ein furchtbares Gericht wartet und ein wütendes Feuer, das die Widersacher verzehren wird (vgl. Hebr 10,26-27 und 6,4-6). »Es ist furchtbar, in die Hände des lebendigen Gottes zu fallen« (Hebr 10,31 EÜ).

Den Glaubenden ist »das wahre Gut« anvertraut worden (Lk 16,11). »Wem viel gegeben ist, bei dem wird man viel suchen; und wem viel anvertraut ist, von dem wird man um so mehr fordern« (Lk 12,48).

Der Lohn Christi

So gibt es Verlust und Gewinn (1. Kor 3,14-15), Schande und Zuversicht (1. Joh 2,28) und vollen Lohn (2. Joh 8) bei der Wiederkunft Christi. Seinen Getreuen wird Jesus Kronen verleihen: »den unvergänglichen Kranz« (1. Kor 9,25), die Krone der Gerechtigkeit (2. Tim 4,8) und Herrlichkeit (1. Petr 5,4), die Krone des Lebens (Offb 2,10).

Noch einmal:
Das Heil empfangen wir aus Gnaden aufgrund unseres Glaubens.
Lohn und Belohnung empfangen wir aufgrund unseres Einsatzes für Jesu Sache in Treue und Ausdauer.
Als Kinder empfangen wir sein Leben,
als Knechte empfangen wir seinen Lohn.

So hat es Paulus vorgelebt: »Durch Gottes Gnade bin ich, was ich bin. Und seine Gnade an mir ist nicht vergeblich gewesen, sondern ich habe viel mehr gearbeitet als sie alle; nicht aber ich, sondern Gottes Gnade, die mit mir ist« (1. Kor 15,10). Und eines der letzten Worte Jesu im Neuen Testament lautet: »Siehe, ich komme bald und mein Lohn mit mir!« (Offb 22,12).

V. Das Hochzeitsmahl Jesu mit seiner Gemeinde

Die Vereinigung Jesu mit seiner Gemeinde wird im Buch der Offenbarung als Hochzeit des Lammes und der Braut mit dem begleitenden Hochzeitsmahl beschrieben: »Und ich hörte etwas wie eine Stimme einer großen Schar und wie eine Stimme großer Wasser und wie eine Stimme starker Donner, die sprachen: Halleluja! Denn der Herr, unser Gott, der Allmächtige, hat das Reich eingenommen! Laßt uns freuen und fröhlich sein und ihm die Ehre geben; denn die *Hochzeit des Lammes* ist gekommen, und *seine Braut* hat sich bereitet. Und es wurde ihr gegeben, sich anzutun mit schönem, reinem Leinen. Das Leinen aber ist die Gerechtigkeit der Heiligen. Und er sprach zu mir: Schreibe: Selig sind, die zum *Hochzeitsmahl* des Lammes berufen sind. Und er sprach zu mir: Dies sind wahrhaftige Worte Gottes« (Offb 19, 6-9).

Der Leidensweg der Gemeinde

Der Weg der Gemeinde ist ein Lauf in der Kampfbahn des Glaubens (Hebr 12,1-2), ein Schauspiel für die Welt, die Engel und die Menschen (1. Kor 4,9). Sie kämpft nicht mit Fleisch und Blut, sondern mit Mächtigen und Gewaltigen, mit den bösen Geistern unter dem Himmel (Eph 6,12). Sie muß im Kampf wider die Sünde bis aufs Blut und mit Lebenseinsatz widerstehen (Hebr 12,4). Paulus ringt darum, »einen jeden Menschen in Christus vollkommen zu machen« (Kol 1,28-29), und er selbst erstattet an seinem irdischen Leben, was an Leiden Christi für seinen Leib, die Gemeinde, noch fehlt (Kol 1,24). Denn »wir müssen durch viele Bedrängnisse in das Reich Gottes eingehen« (Apg 14,22).

Jesus identifiziert sich mit seiner leidenden Gemeinde. Dem vor Christenhaß schäumenden Saulus ruft er auf dem Weg nach Damaskus zu: »Saul, Saul, was verfolgst du mich?« (Apg 9,4). Die junge Christengemeinde ist sein Leib. Wer sie antastet, tastet ihn an, das Haupt. Und als der erste Märtyrer, Stephanus, unter dem Steinhagel der Fanatiker mit den Worten: »Herr Jesus, nimm meinen Geist auf!« seinen Lebensodem aushaucht, lesen wir, daß er Jesus zur Rechten Gottes nicht sitzen, sondern *stehen* sieht (Apg 7,55). Es hatte Jesus sprichwörtlich vom Hokker gerissen. Den Leidensweg seiner Gemeinde vorausblickend hat Jesus bewußt beim Abendmahl ein Gelöbnis gesprochen und dem Weingenuß als Symbol der Freude (Ps 104,15) entsagt: »Ich sage euch: Ich werde von nun an nicht mehr von diesem Gewächs des Weinstocks trinken bis an den Tag, an dem ich von neuem davon trinken werde mit euch in meines Vaters Reich« (Mt 26,29). Indessen nutzt Christus seinen Platz zur Rechten Gottes, um für die bedrängte Gemeinde zu beten und sie zu vertreten (Röm 8,34; Hebr 7,25).

Der Lohn der leidenden Gemeinde

Welch eine tiefe Freude muß sich auf dem Antlitz Jesu widerspiegeln, wenn er nunmehr seine leidgeprüfte und kampferprobte Schar an seinen Tisch bittet. Er hatte es seinen Jüngern vorausgesagt: »In allen Prüfungen habt ihr bei mir ausgeharrt. Darum vermache ich euch das Reich, wie es mein Vater mir vermacht hat: Ihr sollt in meinem Reich mit mir an meinem Tisch essen und trinken und ihr sollt auf Thronen sitzen und die zwölf Stämme Israels richten« (Lk 22,28-30). Tischgemeinschaft ist im Orient etwas Kostbares. Mit einem Höhergestellten tafeln eröffnet den Zugang zu seinem Haus und Herzen. Jesus jedoch bittet seine Gemeinde nicht nur zu Tisch. Er sagt von sich in Lk 12,37, daß er sich gürten und sie der Reihe nach bedienen wird! So überwältigend ist dieser Augenblick für ihn! Johann Albrecht Bengel hat diesen Vers eine der erstaunlichsten Aussagen der Heiligen Schrift genannt. Der Einsatz der Gemeinde und ihre Arbeit hat sich gelohnt (1. Kor 15,58). Als Braut Jesu ist sie in ein reines, weißes Leinen gehüllt – im krassen Gegensatz zur abgefallenen Gemeinde, die in Offb 17 als in Purpur und Scharlach geschmückte Hure geschaut wird, die trunken vom Blut der Heiligen und der Zeugen Jesu ist (V. 1-6). Doch damit greifen wir schon vor. Als rechter Bräutigam führt Jesus die Gemeinde in das Haus seines Vaters, zu der von ihm bereiteten Stätte, damit sie ist, wo er ist (Joh 14,2-3). Ihr Herz wird sich freuen mit »unaussprechlicher und herrlicher Freude« (1. Petr 1,8), die niemand von ihr nehmen kann (Joh 16,22).

Die Aufgabe der erlösten Gemeinde

Jesus hat den Sanftmütigen die Erde zum Erbbesitz versprochen (Mt 5,5). Den Überwindern gibt er Anteil an seinem Regieren (Offb 3,21) und Macht über die Völker (Offb 2,26-27). Im neuen Lied zur Ehre des Lammes hören wir: »Du bist würdig…; denn du bist geschlachtet und hast mit deinem Blut Menschen für Gott erkauft aus allen Stämmen und Sprachen und Völkern und Nationen und hast sie unserem Gott *zu Königen und Priestern* gemacht, und *sie werden herrschen auf Erden*« (Offb 5,9-10). Wohlgemerkt: auf Erden! Jesus gibt seiner Gemeinde an der Regierung im Messiasreich Anteil, das er nach seiner Wiederkunft auf Erden von Zion her über die Erde ausbreiten wird und das das Weltreich des Antichristen ablöst. Er braucht dazu Menschen mit priesterlichem und sanftmütigem Herzen. Durch Leiden und Bedrängnis hat Jesus seine Regierungsmannschaft vorbereitet: »Fürchte dich nicht, du kleine Herde! Denn es ist eures Vaters Wohlgefallen, euch das Reich zu geben« (Lk 12,32). Das Wort ist glaubwürdig:

> »Wenn wir mit Christus gestorben sind, werden wir auch mit ihm leben. Wenn *wir standhaft bleiben, werden wir auch mit ihm herrschen*« (2. Tim 2,11-12 EÜ).

Dem tüchtigen Knecht wird Macht über zehn, dem anderen über fünf Städte gegeben (Lk 19,17+ 19). Das ist ganz wörtlich zu nehmen! Ja, selbst am Richteramt Christi bekommen die Heiligen Anteil: »Wißt ihr nicht, daß die Heiligen die Welt und… gar über Engel richten werden?« (1. Kor 6, 2-3), eine Aufgabe, die ihnen bisher verwehrt war (vgl. Mt 7,1). Wie sich Jesus durch seinen Opfertod für das Amt des Weltenrichters und Weltenherrschers qualifiziert hat, so werden viele Märtyrer und Standhafte, viele, die um ihres Zeugnisses willen enthauptet wurden und Verfolgung litten unter den ersten sein, die mit Jesus priesterlich regieren (Offb 20,4-6), gleichsam als Nachfolger des Priesterkönigs Melchisedek (vgl. 1. Mose 14,18-20; Hebr 7,1-3).

C. Die Zukunft der Völker

Die Zukunft der Völker ist bestimmt durch:

Die Eskalation der Gottlosigkeit
Die Eskalation der Gerichte Gottes und durch
Die Messiasschlacht

I. Die Eskalation der Gottlosigkeit

Es wird dunkler auf unserer Erde. Wir können nur wirken, solange es Tag ist. Die vornehmste Aufgabe der Gemeinde ist die Evangeliumsverkündigung unter allen Völkern (Mk 13,10). Dann wird das Ende kommen (Mt 24,14), der Anbruch der eigentlichen Endzeit. »Es kommt die Nacht, da niemand wirken kann« (Joh 9,4).

Gesetzlosigkeit wird das Zeichen der Endzeit sein (a-nomia im Urtext). Weil sie zunimmt und »weil die Mißachtung von Gottes Gesetz überhandnimmt, wird die Liebe bei vielen erkalten« (Mt 24,12 EÜ). Es wird kalt auf unserer Erde in den mitmenschlichen Beziehungen. Paulus hat den Verfall von Frömmigkeit und Sitte in der Endzeit wie folgt beschrieben: »In den letzten Tagen werden schwere

Zeiten anbrechen. Die Menschen werden selbstsüchtig sein, habgierig, prahlerisch, überheblich, bösartig, ungehorsam gegen die Eltern, undankbar, ohne Ehrfurcht, lieblos, unversöhnlich, verleumderisch, unbeherrscht, rücksichtslos, roh, heimtückisch, verwegen, hochmütig, mehr dem Vergnügen als Gott ergeben. Den Schein der Frömmigkeit werden sie wahren, doch die Kraft der Frömmigkeit werden sie verleugnen. Wende dich von diesen Menschen ab!« (2. Tim 3,1-5 EÜ) So zieht die Nichtachtung Gottes die Nichtachtung des Menschen nach sich und Gott wird zulassen, daß die Erde wieder »leer und wüst« wird (vgl. Jes 24,1):

> »Das Land verdorrt und verwelkt, der Erdkreis verschmachtet, die Verantwortlichen auf Erden wissen nicht mehr aus noch ein. Die Erde ist entweiht von ihren Bewohnern: Denn sie *übertreten das Gesetz* und *ändern die Gebote* und *brechen den ewigen Bund*. Darum frißt der Fluch die Erde und nehmen die Bewohner der Erde ab, so daß wenig Leute übrigbleiben« (Jes 24,4-6).

Was wir am Wort und Gebot Gottes haben, sehen wir im Ps 119: »Deine Mahnungen sind Wunderwerke, darum hält sie meine Seele« (V. 129). Doch zuvor muß der Psalmist sagen: »Es ist Zeit, daß der Herr handelt, sie haben dein Gesetz zerbrochen« (V. 126). Und weiter: »Ich fürchte mich vor dir, daß mir die Haut schaudert, und ich entsetze mich vor deinen Gerichten« (V. 120). Die Verachtung Gottes und der Frevel an seinen Schöpfungsordnungen und mitmenschlichen Verhaltensregeln kann nicht ohne

Folgen bleiben. Sie werden die schrecklichsten Gerichte über unsere Erde bringen. Die Erde wird in weiten Teilen unbewohnbar werden. »Gott wird vernichten, die die Erde vernichten« (Offb 11,18). Die Korrelation, die Verbindung und Entsprechung von menschlicher Schuld und göttlichem Gericht ist unserer Generation nur noch bedingt einsichtig. Für die Kriegsgeneration stand sie außer Frage (vgl. H. Thielicke des öfteren zu diesem Thema).

In der Person des Antichristen wird die Mißachtung des Gesetzes Gottes ihren Höhepunkt erreichen. Ihn nennt die Schrift »den Menschen der Bosheit,… der sich erhebt über alles, was Gott oder Gottesdienst heißt, so daß er sich in den Tempel Gottes setzt *und vorgibt, er sei Gott* (2. Thess 2,3-4). In drei antichristlichen Systemen wird die Gottlosigkeit der Endzeit kulminieren: einem politischen, wirtschaftlichen und religiösen. So beschreibt es uns das letzte Buch der Bibel, die Offenbarung.

1. Das antichristliche politische System: Der Welteinheitsstaat

In Offb 13 wird der Antichrist als ein Untier beschrieben, das aus dem Völkermeer auftaucht, mit sieben Häuptern und zehn Hörnern, einer Mischung aus Panther, Bär und Löwen. Er ist Repräsentant des Drachen in Offb 12, der ebenfalls sieben Häupter und zehn Hörner hat (12,3). Vom Drachen, der alten Schlange, die Teufel und Satan heißt (12,9) empfängt der Antichrist seine Macht, Thron und Inspiration

(13,2+4). Daß der Antichrist als Tier gesehen wird, deutet den Verlust der Menschenwürde an. Daß er als Untier beschrieben ist, weist darauf hin, daß der Mensch tierischer und grausamer als das Tier wird. Humanität ohne Divinität wird zur Bestialität. Wenn am Ende des 13. Kapitels der Offenbarung von dem Namen des Antichristen als einer Zahl die Rede ist (V. 17), so dürfen wir daraus schließen, daß der Mensch in seinem Reich zur Nummer degradiert worden ist.

Es wird sich keiner dem Antichristen und seiner weltweiten Staatsführung und Macht entziehen können. Nach Offb 13,7 wird ihm »Macht über alle Geschlechter, Völker, Sprachen und Nationen gegeben«. Er wird schreckliche Lästerungen gegen Gott und den Himmel ausstoßen (13,6). Er wird zum Kampf gegen die Heiligen antreten, die die Gebote Gottes halten und das Zeugnis Jesu haben. Er wird die Gottesfürchtigen überwinden und auslöschen (13,7), denn er selbst fordert die Anbetung aller Menschen (13,8). Dem Antichristen wird von einem zweiten Tier assistiert, mit Hörnern, wie ein Lamm, aber mit einem Maul, wie ein Drache (13,11). Es handelt sich um den Antigeist, den antichristlichen Propheten, der die Bewohner der Erde zur Anbetung des Antichristen treibt (13,12), große Zeichen und Wunder tut wie die Propheten des Alten Testaments (13,13), die Weltbevölkerung verführt (13,14) und durch das Bild des Antichristen, dem es Leben und Geist gibt, überall präsent ist, so daß alle, die das Bild des Tieres nicht anbeten, getötet werden (13,15): Eine Weltdiktatur bis ins Wohnzimmer!

Eines müssen wir bei dieser grausam-realistischen Schilderung beachten: Es heißt immer wieder: »Es ward ihm gegeben.« Gott steht über dem Geschehen. Die Menschen sollen einmal eine antigöttliche Weltregierung entwickeln können in großem und weitestem Umfang. Sie tun es unter dämonischer Inspiration. Sie haben nur die Wahl zwischen Gott und Satan, Schöpfung und Gegenschöpfung. Satan ist nicht nur der Gegenspieler sondern auch der Nachahmer Gottes. Im Drachen, Antichristen und falschen Propheten hat er eine diabolische Trinität von Anti-Vater, Anti-Sohn und Anti-Geist aufgerichtet. Er vermag die Menschheit aber nicht zu beglücken, obwohl es ihm gelingt, mit Gewalt ein einheitliches politisches, wirtschaftliches und religiöses System durchzusetzen. »Satan ist ein Mörder von Anfang an und ein Lügner und der *Vater der Lüge*« (Joh 8,44). Dies sind wahrhaftige Worte Gottes! So ist auch die Zeit der antichristlichen Herrschaft bemessen. Es werden zweiundvierzig Monate genannt (Offb 13,5), dreieinhalb Jahre, die Hälfte der letzten Jahrwoche, von der wir in Dan 9,24-27 lesen.

Die letzte Jahrwoche

»Siebzig Wochen sind verhängt über dein Volk und über deine heilige Stadt; dann wird dem Frevel ein Ende gemacht und die Sünde abgetan und die Schuld gesühnt, und *es wird ewige Gerechtigkeit gebracht* und... das Allerheiligste gesalbt werden«, so wird Daniel vom Engel Gabriel unterrichtet (Dan 9,24). Es handelt sich dabei um Jahrwochen zu je sieben Jahren, die als Richtwert angegeben sind. Daniel empfing diese Weissagung während der babylonischen Verbannung. Nach sieben Jahrwochen war Jerusalem wieder aufgebaut. Zweiundsechzig Jahrwochen durchlebte es eine »kummervolle Zeit« (9,25). Nach der neunundsechzigsten Jahrwoche geschah es: Der Messias, der Gesalbte wurde ausgerottet, die Stadt und das Heiligtum zerstört und Israel wurde zur Seite gesetzt (9,26). Seine Geschichte setzte als Heilsgeschichte aus und wurde zur Unheilsgeschichte. Die Zeit der Gemeinde, die Heilszeit für die Völker tritt nach dem geheimen Ratschluß Gottes dazwischen (vgl. Eph 3,3-9), bis die Vollzahl, die von Gott bestimmte Zahl aus den Völkern das Heil erlangt haben (Röm 11,25). Dann wird sich die Geschichte wieder Israel zuwenden (Röm 11,26) und die letzte Jahrwoche beginnt. Sie ist für uns die wichtigste. Von ihr wird gesagt, daß ein Fürst und Herrscher (der Antichrist, der Verf.) vielen den Bund schwer machen wird diese Woche lang, daß in der Mitte der Woche Schlacht- und Speiseopfer abgeschafft werden und daß im Heiligtum ein Greuelbild, das Bild des Antichristen, stehen wird, das grausame Verwüstung anrichtet, bis Gott dem Spuk, wie beschlossen, ein Ende setzt (vgl. Dan 9,27). Damit wird darauf hingewiesen, daß besonders Israel dem Druck und Ansinnen des Antichristen ausgesetzt sein wird und auf ihn z. T. eingehen wird. Jesu sagt darüber: »Ich bin gekommen in meines Vaters Namen, und ihr nehmt mich nicht an. Wenn ein anderer kommen wird in seinem eigenen Namen, den werdet ihr annehmen« (Joh 5,43).

In seiner endzeitlichen Rede über Jerusalem bestätigt Jesus die Geschichtsschau Israels im Danielbuch. Belagerung und Verwüstung Jerusalems, wie sie im Jahre 70 durch die Römer unter Titus geschah, sind Ausdruck der Vergeltung Gottes über die Verwerfung des Messias. Israel wurde »unter alle Völker zerstreut« und Jerusalem von den Völkern entweiht, »bis die Zeiten der Heiden erfüllt sind« (vgl. Lk 21,20-24 und Röm 11,25).

Das antichristliche Reich entsteht aus dem alten Römischen Reich

Ein Vergleich zwischen dem Danielbuch und der Offenbarung setzt uns auf die rechte Spur. Wir haben es in der apokalyptischen Literatur der Bibel mit geschauten Bildern zu tun, die nicht gepreßt werden dürfen. Sie geben uns Richtwerte an die Hand. Anders als in Bildern sind diese außer- und überirdischen Vorgänge gar nicht zu fassen. In Dan 2 sieht der König Nebukadnezar in einem kolossalen Standbild vier aufeinander folgende Weltreiche abgebildet: das babylonische, das medo-persische, das griechische und das römische. Das letzte Weltreich wird vom Messiasreich abgelöst, das wie ein Stein ohne Zutun von Menschenhänden vom Berg herunterkommt und das Standbild zermalmt (Dan 2,36-45). In der Zeit »wird der Gott des Himmels ein Reich aufrichten, das nimmermehr zerstört wird;

und sein Reich wird auf kein anderes Volk kommen. Es wird alle diese Königreiche zermalmen und zerstören; aber es selbst wird ewig bleiben« (Dan 2,44).

In einer zweiten Schau werden vier große Tiere gesehen, ein Löwe, ein Bär, ein Panther und ein furchtbares Tier (Dan 7,1-15), die ebenfalls die vier Weltreiche darstellen (Dan 7,17), und die auch vom Messiasreich abgelöst werden. »Und ich sah..., es kam einer mit den Wolken des Himmels wie eines Menschen Sohn und gelangte zu dem, der uralt war. Der gab ihm Macht, Ehre und Reich, daß ihm alle Völker dienen sollten. Seine Macht ist ewig und vergeht nicht, *und sein Reich hat kein Ende* (Dan 7,13-14). Zwischen den zehn Hörnern des vierten Tieres (des römischen Weltreichs) tut sich ein anderes besonders hervor, bricht drei Hörner aus und hat Augen wie Menschenaugen und ein Maul, das große Dinge redet (Dan 7,8). Von diesem Horn wird gesagt, daß es gegen die Heiligen kämpft und sie besiegt (Dan 7,21; vgl. Offb 13,7!), *den Höchsten lästert,* die Heiligen des Höchsten vernichtet und *Festzeiten und Gesetz ändert* (Dan 7,25; vgl. 2. Thess 2,3-4!). Das darf es eine Zeit, zwei Zeiten und eine halbe Zeit tun — wieder ein Hinweis auf dreieinhalb Jahre — bis ihm die Macht genommen und es ganz und gar vernichtet wird (7,26). So schaut Daniel das Wesen und die Tätigkeit des Antichristen. Er kommt aus dem vierten, dem römischen Weltreich hervor und muß dann dem Reich Christi Raum geben. Interessant ist ein Vergleich der Tiere in Dan 7 mit der antichristlichen Bestie in Offb 13,2. Es gleicht einem Panther, hat Tatzen wie ein Bär und ein Maul wie ein Löwe. Es summieren sich gleichsam in ihm die tierischen Eigenschaften der vorangegangenen Weltreiche, wie es auch die Summe der Häupter und Hörner verdeutlicht:

Der babylonische Löwe hat ein Haupt und kein Horn (Dan 7,4). Der medo-persische Bär hat ein Haupt und kein Horn (Dan 7,5). Der griechische Panther hat vier Häupter und kein Horn (Dan 7,6) — ein Hinweis auf überdurchschnittliche Intelligenz. Das furchtbare römische Tier hat ein Haupt und zehn Hörner (Dan 7,7) — ein Bild zunehmender Macht und Brutalität. Das antichristliche Untier hat sieben Häupter und zehn Hörner (Offb 13,1) wie der Drache in Offb 12,3, dem es wesensgleich ist.

Rom lebt

Doch wo ist Rom und das römische Weltreich? Wir finden das antichristliche Untier noch einmal in Offb 17 im Zusammenhang mit der großen Hure, die es auf seinem Rücken trägt (17,3). Wir sahen schon, wie eng die Verbindung zwischen dem römischen und dem antichristlichen Weltreich ist. Das Geheimnis des Tieres wird dahin gedeutet, daß es einmal war, dann nicht ist und wieder sein wird (17,8). Wenn diese Aussage auf das römische Reich zu beziehen ist, dann wird Rom wieder erwachen und das antichristliche Reich wird innerhalb des alten römischen Reiches entstehen. Die europäischen Kernländer des alten römischen Reiches — heute in der EG vereinigt — wären dann die zehn Hörner bzw. zehn

Könige, die aus dem vierten Königreich hervorgehen (Dan 7,24), aus denen wiederum das antichristliche Horn hervorkommt (7,24-25). So sieht es auch Offb 17: »Die zehn Hörner, die du gesehen hast, das sind zehn Könige, die ihr Reich noch nicht empfangen haben. Aber wie Könige werden sie für eine Stunde Macht empfangen mit dem Tier. Diese sind eines Sinnes und geben ihre Kraft und Macht dem Tier. Sie werden gegen das Lamm kämpfen, und das Lamm wird sie überwinden, denn es ist der Herr aller Herren und der König aller Könige« (Offb 17,12-14). Das wären allerdings keine guten Prognosen für Europa, wenn es sich dergestalt an den Antichristen ausliefert!

Eines zeichnet sich bereits ab: Durch die Destabilisierung im Osten und die drohende Destabilisierung im Westen rückt Europa immer mehr in den Mittelpunkt der Weltpolitik.

Eigentlich war Rom niemals tot. Die faszinierende Idee seines Weltreichs schlummerte nur, überwinterte in der Institution des »Heiligen Römischen Reiches Deutscher Nation« im Mittelalter (962-1806) und steht nunmehr Pate bei der Bildung eines Vereinten Europas, das auf die Finanzkraft eines vereinten Deutschland baut. Der geistige Einfluß Roms in Administration und Verwaltung, in lateinischer Fachsprache und Schrift, im Kirchenlatein, im römischen Recht und Heerwesen ist immer vorhanden gewesen. Durch die Französische Revolution trat diesem römischen Erbe deutlich eine antichristliche Spiritualität zur Seite, in Form der Anbetung der Göttin Vernunft in Notre Dame von Paris. Durch

Gutes und Böses — das Dämonische ist ja niemals nur böse, es usurpiert und bereichert sich durchgehend am Göttlichen — wird so in Europa — nach dem bedeutsamen Intermezzo des Hitlerreiches — der Weg für den Antichristen vorbereitet.

2. Das antichristliche wirtschaftliche System: Die Welteinheitswirtschaft

Treffen des Weltwirtschafts-Forums in Davos

Das Weltwirtschafts-Forum (World Economic Forum, WEF) veranstaltete im Februar 1990 ein Treffen in Davos, um Top-Managern aus Industrie, Wirtschaft und Forschung eine Begegnung mit Spitzenpolitikern zu ermöglichen. Es stand unter dem Motto »Wettbewerb und Zusammenarbeit in einem turbulenten Jahrzehnt« (vgl. die Dokumentation in »Geschäftsmann und Christ« 7/8 1990).

In seiner Eröffnungsrede nannte Dr. K. Schwab, der Generalsekretär des WEF, das Weltwirtschafts-Forum eine Institution für die Zukunft und Dr. Otto von Habsburg, Vizepräsident der Paneuropäischen Bewegung rief die Anwesenden auf, an der europäischen Einigung aktiv mitzuarbeiten; die Führungskräfte hätten dabei eine Schlüsselstellung einzunehmen. Die Einigung aller Erdteile müsse das Ziel aller verantwortlichen Kräfte sein.

Während eines Frühstückstreffens der IVCG (Internationale Vereinigung Christlicher Geschäftsleute) für die Teilnehmer des WEF erhob Dr. Siegfried Buchholz unter dem Thema »Wirtschaftliche Führung — politische Führung« eine Trend-Analyse, die ich wegen ihrer Wichtigkeit wörtlich wiedergeben möchte:

»Es ist gegenwärtig eine Tatsache, daß mit politischer Führung meistens wirtschaftliche Führung gemeint ist, — und wenn dem so ist, ist die wirtschaftliche Führung auch ein Element unserer Kultur geworden. Geschäftsleute bestimmen ja tatsächlich die heutige und zukünftige Kultur, das Denken und Handeln und unseren Lebensstil.

Bei genauerer Betrachtung wird man der darin verborgenen Gefahr gewahr. Die meisten Problemstellungen sind heute so schwierig und komplex geworden, daß Lösungsansätze nur mit unpopulären Mitteln erreicht werden. — Wer aber wagt es heute noch, unpopuläre Entscheidungen zu treffen? Gefordert ist in der Tat ein großes Maß an Unabhängigkeit und Mut, um solche unwillkommenen Lösungen durchzusetzen. Können unsere politischen Führer dieser Aufgabe gerecht werden? Wagen sie es, sich von den Banden der Popularität zu lösen, denen sie ja sehr oft ihre Führungsposition verdanken? Wohl kaum, wird in den meisten Fällen die Antwort lauten.

So übernehmen dann eben Geschäftsleute diese Aufgabe. Sie verfügen über das professionelle Management-Wissen sowie über die Ausbildung in strategischer und unternehmerischer Planung. Sie haben in der Regel auch die innere Freiheit, ohne Rücksicht auf ihren Ruf die nötigen Schritte zu veranlassen. *Unabhängiges Planen und Handeln aber kann für einen Wirtschaftsführer auch unverantwortliches und manchmal sogar rücksichtsloses Planen und Handeln nach sich ziehen. Diese Gefahr ist dort groß, wo wirtschaftliche Zielsetzungen den einzigen Maßstab bilden.*

Darum wird zu einer ethischen und moralischen Führung in dieser Welt aufgerufen. Gott selbst hat durch

Jesus Christus hohe Standards für diese Welt gesetzt und er wünscht, daß wir mit ihm zusammenarbeiten — nicht gegen ihn, indem wir leben, als gäbe es Gott nicht. Gott ist Realität. Wir wollen von seiner Existenz, seiner Kraft und seinem Einfluß zeugen« (vgl. in Geschäftsmann und Christ 7/8 1990).

Ein Welt-Trend

Wir streben einer koordinierten Weltwirtschaft zu. Es bleibt uns kein anderer Weg. Die GATT-Runden drängen in diese Richtung. Die Völker müssen sich arrangieren. Wer nicht mitmacht, wird früher oder später auf der Strecke bleiben. In Offb 13 lesen wir nun, daß der Antichrist diesen Zugzwang der Völker zu seinen Gunsten nutzen wird. Er wird veranlassen, daß die Weltbevölkerung sich ein Kennzeichen an die rechte Hand oder an ihre Stirn (Laserstrahlcode?) anbringen läßt und daß niemand kaufen oder verkaufen kann, wenn er nicht das Zeichen hat, nämlich den Namen des Tieres oder die Zahl seines Namens (vgl. Offb 13,16-17). Ohne diesen eingravierten Code läuft dann nichts mehr und die Automaten in Banken, Bahnhöfen und Supermärkten spucken die Plastikkarte wieder aus. So angenehm das Einkaufen mit dem Plastikgeld ist, es ermöglicht die Kontrolle von dritter Hand.

So gesellt sich zur politischen die wirtschaftliche Diktatur. Der Antichrist wird Weltmärkte und Konsumenten, Kaufende und Verkaufende fest im Griff haben. Wer sich nicht seinem überhöhten, gottgleichen und gotteslästerlichen Anspruch unterwirft, wird keine Existenzberechtigung mehr haben. Der Lebensraum für die Gottesfürchtigen wird eng.

In Offb 18 wird die geballte Wirtschaftsmacht und das zentralisierte Wirtschaftssystem des Antichristen mit der großen Stadt Babylon verglichen, die mit ihrer Unzucht und Hurerei die Völker trunken und mit ihrer großen Üppigkeit die Kaufleute auf Erden reich gemacht hat (Offb 18,2-3). Wie ist das zu verstehen?

An westlichen Hochschulen wurde in den vergangenen Jahrzehnten gelehrt: Greed is Okay. Habsucht und Geldgier sind in Ordnung. Die Bibel aber nennt Geldgier eine Wurzel allen Übels, die den Glauben gefährdet (1. Tim 6,10), und Habsucht nennt sie Götzendienst, der Gottes Zorn entfacht (Kol 3,5-6). Wir können nicht Gott dienen und dem Mammon (Mt 6,24). Wir brauchen das Geld und sollen es gebrauchen, aber ihm nicht dienstbar werden. Der eiskalte und glasharte Wirtschaftsegoismus wird in Offb 18,3 mit Zornwein der Abgötterei beschrieben, der alle Verantwortlichen und Wirtschaftsexperten berauscht und betrunken gemacht hat. Und geht nicht die Geldgier verbunden mit Bestechungsaffären wie ein Rausch über die Erde? Geht aus, macht nicht mit, sperrt euch gegen diesen Sog! ruft Gott seinem Volk zu (Offb 18,4). Willige nicht in dieses antichristliche System! Macht euch nicht seiner Sünde und Plage teilhaftig! (18,4). Es wird kollabieren.

Und dann sieht der Seher, wie Babylon, dieses Riesen-Wirtschafts-Imperium an einem Tag zusammenbricht, von Gottes Hand getroffen, »denn stark ist Gott der Herr, der sie richtet« (18,8). Und die Regierungschefs der Erde stehen in Furcht vor ihrer Qual und lamentieren: »Weh, du große und starke Stadt, in einer Stunde ist dein Gericht gekommen!« (18,9-10). Die Kaufleute auf Erden sind außer sich, sie stehen vor dem wirtschaftlichen Ruin, weil niemand mehr ihre Ware kauft (18,11). Schiffsherren, Reedereien und Seeleute werfen sich Staub aufs Haupt: In einer Stunde ist alles vorbei! (18,17-18). Im Himmel wird dieses Gericht wahrhaftig und gerecht genannt, denn die Erde ist durch die Unzucht der großen Hure Babel verderbt worden (19,2). »Durch deine Zauberei sind verführt worden alle Völker; und das Blut der Propheten und der Heiligen ward in ihr gefunden« (18,23-24). Welch ein schwarzer Tag!

3. Das antichristliche religiöse System: Die Welteinheitsreligion

Wie auf politischem und wirtschaftlichem Gebiet wird es dem Antichristen gelingen, auch auf religiösem Gebiet die Welt zu einen und eine Welteinheitsreligion zu schaffen, in der letztlich er selbst angebetet wird, wie wir in 2. Thess 2,4 und Offb 13,14-15 schon gesehen haben. Viele Menschen werden von ihm begeistert sein und mitmachen. Der Abfall in der Kirche hat dazu beigetragen, daß Kirchenmitglieder entwurzelt wurden und den vordergründig imponierenden Erfolg des Antichristen nicht durchschauen. Wie Offb 13 den politischen und Offb 18 den wirtschaftlichen Abfall von Gott beschreibt, so Offb 17 den religiösen.

Der große Abfall

In 2. Thess 2,1-3 geht Paulus auf die Wiederkunft Jesu ein und betont, daß ihr der Abfall in der Gemeinde vorangehen muß, wie auch das Kommen des Antichristen. Wie ist das möglich, was verleitet Gemeindemitglieder zum Abfall? Diese Frage beschäftigte schon die Urgemeinde und Johannes antwortet darauf: »Meine Kinder, es ist die letzte Stunde. Ihr habt gehört, daß der Antichrist kommt, und jetzt sind viele Antichristen gekommen. Daran erkennen wir, daß es die letzte Stunde ist. *Sie sind aus unserer Mitte gekommen,* aber sie gehörten nicht zu uns, denn wenn sie zu uns gehört hätten, wären sie bei uns geblieben« (1. Joh 2,18-19 EÜ). Abfall ist das Wesen des Antichristentums, Absage an den Glauben, an Gott.

Wieder erscheint in Offb 17 das Bild einer großen Hure, die mit dem Wein ihrer Unzucht die Bewohner der Erde trunken gemacht hat. Hier geht es um einen verderblichen religiösen und spirituellen Einfluß. Schon im Alten Testament verwenden Propheten das Bild eines treulosen Weibes für Israel, das geistlichen Ehebruch begangen und anderen Göttern gedient hat. Israel hat »eine Hurenstirn« (Jer 3,3), ist abtrünnig und treibt auf Anhöhen und mit Fremdreligionen Hurerei (Jer 3,6.9.24; Hes 16,15-29). Es hat »einen Geist der Hurerei in ihrem

Herzen« (Hos 5,4). »Das Haus Israel hat mir nicht die Treue gehalten, gleichwie ein Weib wegen ihres Liebhabers nicht die Treue hält, spricht der Herr« (Jer 3,20). So wird auch ein Teil der Gemeinde Jesus nicht die Treue halten. Sie werden sich mit dem Antichristen um ihres Vorteils willen verbünden. Die Hure erscheint sitzend auf der antichristlichen Bestie und läßt sich von ihm tragen (Offb 17,3). Sie besitzt großen Reichtum und hat sich begütert (17,4) und sie ist trunken vom Blut der Heiligen und von dem Blut der Zeugen Jesu (17,6). Denn eines kann sie nicht ausstehen: den Anblick der Menschen, die Jesus treu bleiben. Den Segenskelch (1. Kor 10,16) hat sie mit dem Greuelbecher (17,4) vertauscht, das Brautgewand (Offb 19,8) mit dem Hurenkleid (17,4) und an ihrer Stirn steht ein geheimnisvoller Name geschrieben: das große Babylon, die Mutter des Abfalls, der Hurerei und aller Greuel auf Erden (17,5). Sie ist der Inbegriff der widergöttlichen und abgefallenen Gemeinde, während die Braut Jesu ergebene Gemeinde ist. Der geistliche Ehebruch ist der Anfang aller Greuel. Er macht den Menschen schutzlos und zum Spielball dämonischer Mächte. So hat es Paulus vorausgesehen: »Der Geist aber sagt deutlich, daß in den letzten Zeiten etliche von dem Glauben abfallen werden und sich betrügerischen Geistern und Lehren von Dämonen zuwenden werden, getäuscht von heuchlerischen Lügnern (1. Tim 4,1-2 EÜ).

Sturmzeichen in den Kirchen

In den Kirchen der großen Konfessionen, aber auch in etablierten Freikirchen, stehen die Zeichen auf Sturm. Der Abfall, der in der Theologie begonnen hat, meldet sich in der kirchlichen Praxis zu Wort. Das Antirassismusprogramm des Weltkirchenrates, seit 1970 verkündet, ist in seiner Zielsetzung gut, in der Wahl seiner Mittel aber verwerflich. Kirchliche Gelder kamen dadurch militanten Freiheitsbewegungen in Südafrika zugute. Durch eine Theologie der Revolution wurde Gewaltanwendung legitimiert und das Wort Jesu an Petrus: »Wer zum Schwert greift, soll durchs Schwert umkommen« (Mt 26,52) flagrant verletzt. Die einzige Waffe der Gemeinde Jesu ist das Wort. Sie darf Unrecht nicht totschweigen. Aber sie darf dem Unrecht nicht mit Gewalt und neuem Unrecht begegnen. Damit verläßt sie Jesus — und den Kreuzesweg.

Im Oktober 1986 kam es zum gemeinsamen Friedensgebet von Repräsentanten der Weltreligionen in Assisi. Jeder sollte seinen Gott anrufen. Christus und Dämonen wurden gleichzeitig um Frieden in der Welt gebeten. Hat nicht Paulus erklärt, was die Heiden opferten, das würden sie den Dämonen und nicht Gott opfern und gefordert: »Ich will nicht, daß ihr in der Gemeinschaft der bösen Geister seid« (vgl. 1. Kor 10,20)? Doch in Assisi wurde der dämonische Hintergrund der Weltreligionen nicht erwogen und der Name Jesu Christi sträflich vermischt und mißbraucht. Heißt es nicht beim Propheten Jesaja unmißverständlich: »Ich bin Jahwe, der HERR, und sonst keiner mehr, *kein Gott ist außer mir...,* der ich das Licht mache und schaffe die Finsternis, *der ich Frieden gebe* und schaffe Unheil« (Jes 45,5+7)? Nunmehr geistert das multireligiöse Gebet durch die Kirchenlandschaft. Man weiß, daß gemeinsame Gebete von Christen und Angehörigen anderer Religionen dem Selbstverständnis des christlichen Glaubens widersprechen. Dennoch hält man es in besonderen Situationen und aus der gemeinsamen Verantwortung für Gerechtigkeit, Frieden und Bewahrung der Schöpfung für gerechtfertigt (vgl. Idea Meldung 3/92). Wie kann der Schöpfer und Verderber der Schöpfung gleichzeitig angerufen werden? Man kann diesen Irrwahn nur auf dem Hintergrund von Röm 1,28 verstehen: »Da sie sich weigerten, Gott anzuerkennen, lieferte Gott sie einem verworfenen Denken aus.«

Seit der Missionskonferenz des Weltkirchenrates in San Antonio (1989) und seit der Weltkonferenz des Lutherischen Weltbundes in Curitiba (1990) spricht man es offen aus: Jesus Christus ist der Heilsweg für mich. Ob er es auch für dich ist (für Vertreter anderer Religionen), vermag ich nicht zu sagen. Hiermit ist nicht nur die Sache der Mission, sondern der Heilstod Christi für alle Menschen preisgegeben und das bedeutet: Verrat am Evangelium. Dieser Unterwanderung der Gemeinde Jesu war vorgearbeitet worden. Paul Tillich sprach davon, daß in den Religionen »die latente Kirche« lebe. Und Karl Rahner nannte die Mitglieder anderer Religionen gar »anonyme Christen«.

Neben den Erscheinungen der Selbstauflösung

der Kirche muß aber erwähnt werden, daß es hier und da im protestantischen und katholischen sowie orthodoxen Raum ganz erstaunliche, geistliche Aufbrüche gibt, die zu den Quellen der Schrift und des Geistes zurückfinden. So geht der Riß des Abfalls mitten durch die Kirche und Gemeinde Jesu, er scheint auch die Freikirchen nicht zu verschonen.

Das Ende der abgefallenen Kirche

Der Kompromiß und die Verbindung mit dem Antichristen zahlt sich bitter aus. Das Stimmungsbarometer kippt um, und aus Zuneigung wird Haß. Es heißt in Offb 17: Nicht nur das Tier, sondern auch die zehn Könige werden die Hure hassen, »ihr alles wegnehmen, bis sie nackt ist, werden ihr Fleisch fressen und sie im Feuer verbrennen. Denn Gott lenkt ihr Herz so, daß sie seinen Plan ausführen« (Offb 17,16-17).

II. Die Eskalation der Gerichte Gottes

»Meinst du, daß ich Gefallen habe am Tode des Gottlosen, spricht Gott der Herr, und nicht vielmehr daran, daß er sich bekehrt von seinen Wegen und am Leben bleibt?« (Hes 18,23).

Parallel zur Eskalation der Gottlosigkeit unter der Regierung des Antichristen werden die Zorngerichte Gottes über unsere Welt hereinbrechen. Gottlosigkeit war schon immer verhängnisvoll (Spr

13,13). Jetzt, wo sie weltweite Ausmaße angenommen hat, hat die ganze Welt die Folgen zu tragen. »Unser Gott kommt und schweiget nicht« (Ps 50,3). »Er kommt zur Rache« (Jes 35,4), »auf daß gerichtet werden alle, die der Wahrheit nicht geglaubt haben« (2. Thess 2,12) und Jesus von sich stießen, den einzigen, der uns »von dem zukünftigen Zorn« erretten kann (1. Thess 1,10).

Jesus hat die antichristliche Generation mit der Generation der Sintflut und Sodoms verglichen. Die Sintflut kam und brachte sie alle um. Es regnete Feuer und Schwefel vom Himmel und brachte sie alle um. »So wird's auch sein an dem Tage, an dem sich der Menschensohn offenbart« (vgl. Lk 17,26-30 EÜ). Ein ebenso jähes Verderben wird jeden überfallen, der den Antichristen angebetet und sein Zeichen angenommen hat. Er muß »den Wein des Zornes Gottes trinken, der unverdünnt im Becher seines Zorns gemischt ist, und wird mit Feuer und Schwefel gequält vor den Augen der heiligen Engel und des Lammes. Der Rauch von ihrer Peinigung steigt auf in alle Ewigkeit… Hier muß sich die Standhaftigkeit der Heiligen bewähren, die an den Geboten Gottes und an der Treue zu Jesus festhalten.« (Offb 14,9-12 EÜ). So radikal wird Gott auf die Herausforderung einer lästernden, sodomitischen Generation antworten, die in allen Lastern des Sündenkatalogs von Röm 1,24-32 lebt, Gottes Schöpfungsordnung auf den Kopf stellt, das Geschöpf umfunktioniert und die Erde verdirbt. Sie hat ihre Existenzberechtigung verloren, »wenn der Herr Jesus sich offenbaren wird vom Himmel in Feuerflammen mit der Macht seiner

Engel, *Vergeltung zu üben* an denen, die Gott nicht kennen wollen, und an denen, die nicht gehorsam sind dem Evangelium unseres Herrn Jesus. Die werden Strafe erleiden, *das ewige Verderben,* fern von dem Angesicht des Herrn und von seiner herrlichen Macht« (2. Thess 1,7-9).

Wer Gott nicht mehr fürchtet, dem sind diese Aussagen uneinsichtig und anstößig. Gott wird ihm zum Fallstrick, zu einem Stein des Anstoßes und zu einem Fels des Ärgernisses, an dem er sich stößt, fällt und verstrickt, wie es Jesaja vorausgesehen hat (Jes 8,14-15). Sagt nicht Gott schon durch Mose: »Sehet nun, daß ich's allein bin und ist kein Gott neben mir! Ich bin's, der tötet und lebendig macht; ich zerschlage und heile, und niemand ist da, der aus meiner Hand errettet« (5. Mose 32,39)?

Der Tag des Herrn

In doppelter Weise wird in der Schrift vom Tag des Herrn gesprochen. Es ist einmal der Tag des Heils, den Jesus ermöglicht hat. In Jes 61,1-3 ist das Gnadenjahr prophezeit, das Jesus bei der Lesung dieses Textes in der Synagoge zu Nazareth als erfüllt verkündet hat (vgl. Lk 4,18-21). Seitdem ist Gnadenzeit und es heißt noch: »Siehe, jetzt ist die Zeit der Gnade, siehe, jetzt ist der Tag des Heils« (2. Kor 6,2).

Daneben ist der Tag des Herrn aber auch ein Tag der Vergeltung (schon in Jes 61,2) und ein Tag des Zorns (vgl. Jes 13,13; Zef 2,2; Hes 7,19). Das Gesetz von Saat und Ernte gilt: »Was der Mensch sät, das wird er ernten« (Gal 6,7). Langmut und Geduld Gottes haben ein Ende, wenn sie den Menschen nicht zur Umkehr bringen. Dann häuft man sich den Zorn an für den Tag des Zorns und gerechten Gerichtes Gottes (vgl. Röm 2,4-5). Gott läßt sich wahrlich nicht spotten (Gal 6,7).

Dieser Vergeltungstag kann persönliche, nationale, globale und kosmische Ausmaße annehmen. Es gibt vor ihm kein Entrinnen: »Der Tag ist Finsternis und nicht Licht, gleichwie wenn jemand vor dem Löwen flieht und ein Bär begegnet ihm und er kommt in ein Haus und lehnt sich mit der Hand an die Wand, so sticht ihn eine Schlange!« (Am 5,19). Es ist ein Tag voller Schrecken (Joel 2,11). »...Der HERR Zebaoth rüstet ein Heer zum Kampf. Sie kommen aus fernen Landen, vom Ende des Himmels, ja, der HERR selbst samt den *Werkzeugen seines Zorns, um zu verderben die ganze Erde.* Heulet, denn des HERRN Tag ist nahe; er kommt wie eine Verwüstung vom Allmächtigen. Darum werden alle Hände schlaff, und aller Menschen Herz wird feige sein. Schrecken, Angst und Schmerzen wird sie ankommen, es wird ihnen bange sein wie einer Gebärenden... Denn siehe, des Herrn Tag kommt grausam, zornig, grimmig, die *Erde zu verwüsten und die Sünder von ihr zu vertilgen.* Denn die Sterne am Himmel und sein Orion scheinen nicht hell, die Sonne geht finster auf und der Mond gibt keinen Schein. Ich will den Erdkreis heimsuchen um seiner Bosheit willen und die Gottlosen um ihrer Missetat willen und will dem Hochmut der Stolzen ein Ende machen und die Hoffart der Gewaltigen demütigen, daß ein Mann kostbarer sein soll als feinstes Gold und ein Mensch wertvoller als Goldstücke aus Ofir. Darum will ich den Himmel bewegen, und die Erde soll beben und von ihrer Stätte weichen durch den Grimm des Herrn Zebaoth, am Tage seines Zorns« (Jes 13,4-13).

Im Kontext dieser gewaltigen Visionen müssen wir die Aussage des Apostels Paulus sehen, wenn er im Römerbrief schreibt: »Gottes Zorn wird vom Himmel her offenbart *über alles gottlose Wesen* und alle Ungerechtigkeit der Menschen, die die Wahrheit durch Ungerechtigkeit niederhalten« (Röm 1,18). Die Menschen gehen verloren, weil sie die Liebe zur Wahrheit nicht angenommen haben zu ihrer Rettung (2. Thess 2,10). Wenn dann die Sonne finster wird und die Sterne des Himmels auf die Erde fallen, der Himmel entweicht und die Berge und Inseln von ihrer Stelle gerückt werden, dann werden sich die Menschen in den Klüften und Felsen verbergen und zu ihnen sprechen: »Fallt über uns und verbergt uns vor dem Angesicht dessen, der auf dem Thron sitzt, und *vor dem Zorn des Lammes!* Denn es ist gekommen *der große Tag ihres Zorns,* und wer kann bestehen?« (vgl. Offb 6,12-17).

Die Gemeinde Jesu sieht in den gewaltigen Katastrophen, die sich wie dunkle Wolken über unserer Erde zusammenballen »Anfänge der Wehen« einer neuen Welt, des Messiasreiches (vgl. Mt 24,8). So hat es Jesus gelehrt: »Es werden Zeichen geschehen an Sonne und Mond und Sternen, und auf Erden wird den Völkern bange sein, und sie werden verzagen vor dem Brausen und Wogen des Meeres, und die Menschen werden verschmachten vor Furcht und in

Erwartung der Dinge, die kommen sollen über die ganze Erde; denn die Kräfte des Himmels werden ins Wanken kommen. Und alsdann werden sie sehen den Menschensohn kommen in einer Wolke mit großer Kraft und Herrlichkeit. Wenn aber dieses anfängt zu geschehen, dann seht auf und *erhebt eure Häupter,* weil sich eure Erlösung naht« (Lk 21,25-28).

Welcher Art werden die Gerichte sein?

Wenn die Ernte der Erde reif geworden ist und die Erde geerntet wird (Offb 14,15-16), setzen Gottes Zorngerichte mit voller Wucht ein, so wie sie im Buch der Offenbarung unter den sieben Siegeln (6,1-8,5), den sieben Posaunen (8,6-10,11) und den sieben Zornesschalen (16,1-21) als Plagen beschrieben sind, die den Zorn Gottes vollenden (vgl. Offb 15,1). Weltweit und erschütternd sind die Ausmaße der Gerichte. Es wird von Krieg (6,6) und Hunger (6,4) und Tod (6,8) berichtet, der ein Viertel der Menschen trifft. Ein Drittel der Erde und ihrer Vegetation wird verbrennen (8,7), ein Drittel der Weltmeere und seiner Fische verderben (8,9) und ein Drittel der Trinkwasservorräte wird verseucht sein (8,11). Die Gestirne geraten durcheinander und büßen an Leuchtkraft ein (8,12). Die Menschen werden von furchtbaren Krankheiten gequält (16,2), daß sie den Tod suchen und nicht finden werden (9,5-6) und ein Drittel der Menschen wird von diesen und weiteren Plagen getötet werden (9,15). Sind nicht bereits der Treibhauseffekt und die drohenden Ozonlöcher auf beiden Halbkugeln eine Vorbereitung für alarmierende Klimaveränderungen?

Besonders die Kernländer des antichristlichen

Reiches scheinen von den Plagen betroffen zu werden. Eine der Zornesschalen trifft den Thron des Tieres (Antichristen), und sein Reich wird verfinstert und sie zerbeißen ihre Zungen vor Schmerzen (16,10). Seine Anhänger bekommen ein böses und arges Geschwür (16,2), Meer und alle Wasserbrunnen sind vollends verdorben (16,3-4). Die Sonne versengt die Menschen mit Feuer (16,8), die Erde wird aus ihrer Umlaufbahn geworfen (Jes 13,13): Der Lebens- und Überlebensraum des Menschen wird immer enger. Was kann er noch machen, wohin kann er sich noch wenden? Gott hat ihn eingekreist, im wahrsten Sinne des Wortes. Als der siebte Engel seine Schale in die Luft wirft, die letzte der Zornesplagen Gottes, geschieht ein großes Erdbeben, »wie es noch nicht gewesen ist, seit Menschen auf Erden sind — ein solches Erdbeben, so groß. Und aus der großen Stadt wurden drei Teile, und die Städte der Heiden stürzten ein«. Und alle Inseln verschwanden, und die Berge wurden nicht mehr gefunden! Und ein großer Hagel wie Zentnergewichte fiel vom Himmel auf die Erde…« (vgl. Offb 16,18-21).

So wird Jesus, das Lamm Gottes und der Löwe Judas (Offb 5,5) die Selbstsicherheit einer abgefallenen Menschheit gänzlich erschüttern. Der Gerechtigkeitshunger Johannes des Täufers würde satt werden, wenn er erlebte, wie Jesus mit denen aufräumt, die sein Liebesopfer, seine Lebenshingabe am Kreuz mit Füßen getreten haben. Wahrlich: »Er wird seine Tenne fegen und seinen Weizen in seine Scheune sammeln; aber die Spreu wird er verbrennen mit unauslöschlichem Feuer« (Mt 3,12).

Es ist an der Zeit, daß wir uns dem Gottesbild der Bibel stellen und dem versüßten Jesusbild der eigenen Phantasie absagen. Dieses Gottesbild ist nicht alttestamentlich, sondern realistisch. Jesus hat zur Geißel gegriffen, als ihn der Zorn wegen der Tempelschändung seiner Zeitgenossen packte (Joh 2,15). Es war ein heiliger Zorn, Eifer um des Herrn Haus (Joh 2,17). Welche selbsterstellten Gottesbilder wohl aus unseren Herzen und Köpfen vertrieben werden müssen, bis wir der Wahrheit ins Auge sehen? Welche Donnerstimme muß uns erreichen, bis wir gehorchen? Von der Stimme Gottes rühmt der Psalmist:

»Die Stimme des Herrn ergeht mit Macht,
Die Stimme des Herrn zerbricht die Zedern,
Die Stimme des Herrn sprüht Feuerflammen,
Die Stimme des Herrn läßt die Wüste erbeben,
Die Stimme des Herrn läßt Eichen wirbeln
und reißt Wälder kahl.
In seinem Tempel ruft alles: »Ehre!«
(Aus Ps 29)

Die Reaktion auf die Gerichte Gottes

Als der Jugendpfarrer Wilhelm Busch nach einer schrecklichen Bombennacht, der auch sein eigenes Haus zum Opfer fiel, durch das eingeäscherte Essen irrte, schrien ihn die Menschen an: »Wie kann Gott das zulassen!« — und er schrie zurück: »Mein Gott kann das zulassen!«

Es ist seltsam, nach dem Bericht des Offenbarungsbuches wissen die Menschen ganz genau, daß

Gott der Urheber der Katastrophen ist und sie richtet, daß es sich also nicht um Zufallserscheinungen des Kosmos und um blinde Schicksalsschläge handelt. Dennoch lenken sie nicht ein und kehren um. Im Gegenteil: Dreimal wird gesagt, daß sie Gott im Himmel *lästern, »der Macht über diese Plagen hat«,* und nicht Buße tun für ihre Werke (Offb 16,9.11.21), »daß sie nicht mehr anbeteten die bösen Geister und goldenen, steinernen und hölzernen Götzen... und sie bekehrten sich auch nicht von ihrem Morden, ihrer Unzucht und ihrem Diebstahl« (Offb 9,20-21). Die Engel Gottes aber geben Gott recht. Als die Zornesschale die Wasserbrunnen in Blut verwandelt, sagt der Engel der Wasser: »Gerecht bist du, der du bist und der du warst, du Heiliger, daß du solches Urteil gesprochen hast; denn sie haben das Blut der Heiligen und Propheten vergossen, und Blut hast du ihnen zu trinken gegeben; sie haben es verdient. Und ich hörte eine Stimme vom Altar sagen: Ja, Herr, Gott und Herrscher über die ganze Schöpfung. Wahr und gerecht sind deine Gerichtsurteile« (Offb 16,4-7 EÜ).

Gottes Gnade im Gericht

Selbst inmitten seiner Gerichte, die Schlag auf Schlag die Erde und ihre Bewohner treffen, setzt Gott noch Zeichen seiner Gnade. Er kann es nicht lassen, sein wahres Wesen hindurchbrechen zu lassen, daß er keinen Gefallen am Tod der Gottlosen hat, sondern ihre Umkehr und ihr Leben will (Hes

18,23). In Jerusalem werden zur Zeit des Antichristen zwei Zeugen Gottes auftreten. Ihren prophetischen Dienst verrichten sie in prophetischer Kraft dreieinhalb Jahre lang. Sie sind unantastbar. Wenn jemand ihnen Schaden zufügen will, so fährt Feuer aus ihrem Mund und vernichtet ihre Feinde. Sie können den Himmel verschließen und Regen fernhalten, wie Elia tat und können wie Mose Wasser in Blut verwandeln und die Erde plagen (vgl. Offb 11,3-6). Erst am Ende ihres Dienstes kann der Antichrist sie umbringen und ihre Leichname werden in den Gassen Jerusalems zur Schau gestellt. Nach dreieinhalb Tagen aber werden sie wieder lebendig und fahren vor den Augen ihrer Feinde in den Himmel. Und es wird berichtet, daß die Menschen daraufhin »dem Gott des Himmels Ehre ... geben« (Offb 11,7-14). Und wenn es keine Menschen mehr gibt, die Gottes Boten sein können, läßt Gott einen Engel mitten durch den Himmel fliegen und ein ewiges Evangelium verkündigen denen, die auf Erden wohnen, allen Nationen und Sprachen und Völkern: »Fürchtet Gott und gebt ihm die Ehre, denn die Stunde seines Gerichts ist gekommen! Und betet den an, der den Himmel und die Erde, das Meer und die Wasserquellen geschaffen hat!« (Offb 14,6-7).

III. Die Messiasschlacht

Anfang 1991 beschäftigten uns die Vorgänge am Persischen Golf. Es wurde deutlich, daß das eigentliche Angriffsziel Israel und nicht Kuwait war. Zweimal wird in der Offenbarung das Zweistromland Irak mit endzeitlichen Ereignissen in Verbindung gebracht (Offb 9,14; 16,12). In Kapitel 16 wird uns gezeigt, daß der entscheidende Schlag erst in der Zeit der antichristlichen Herrschaft geführt wird. Denn Königen und Heerscharen aus dem Osten wird der Weg nach Israel geebnet (Offb 16,12). »Und ich sah aus dem Rachen des Drachen und aus dem Rachen des Tieres und aus dem Mund des falschen Propheten drei unreine Geister hervorkommen, die wie Frösche aussahen. Es sind Dämonengeister, die Wunderzeichen tun. Sie schwärmten aus zu den Königen der ganzen Erde, um sie zusammenzuholen zum Kampf am großen Tag Gottes, des Herrschers über die ganze Schöpfung. Und er versammelte sie an einem Ort, der heißt auf hebräisch ›Harmagedon‹« (Offb 16, 13-14.16 EÜ). Ein Heeresaufgebot aus aller Welt steht gegen Israel! An dem erwähnten Ort liegt ein berühmtes Schlachtfeld in Israel. Harmagedon heißt übersetzt: »Berg von Megiddo«. Hier wurden zur Zeit Israels und danach heftige Kämpfe ausgetragen. Das Tal Jesreel, das sich vom Jordan bis an das Mittelmeer erstreckt, ist die einzige Ebene im bergigen Israel. Vom Berg Tabor bietet sich ein majestätischer Blick weit in dieses ausgedehnte Tal hinein. Hier wird es zum Endschlag gegen Israel kommen.

Warum in Israel?

Es gibt natürliche Gründe, warum es gerade in diesem Teil der Erde zum Entscheidungskampf kommt. In Israel begegnen sich die Kontinente Europa, Asien und Afrika. Fast 70% des Erdölvorkommens befindet sich im Nahen Osten. Jerusalem wird zu einem Problem, an dem sich die Völker wundreiben (Sach 12,3). Doch zwingender sind die geistlichen Gründe. Wie in Offb 16,13 schon angedeutet wurde, handelt es sich um eine weltweite Mobilisation des Antichristen zur Entscheidungsschlacht mit Christus. Christus hat in Israel gewirkt und wird in Israel wiederkommen (vgl. Sach 14,3-4; Apg 1,11!). Jerusalem, der Ort seiner Erniedrigung wird der Ort seines Triumphes werden. Sie ist »die Stadt des großen Königs« (Mt 5,35), die Messiasstadt. In Israel geschahen die großen Taten Gottes. Auf Schritt und Tritt begegnet einem die Gottesgeschichte. Hier wurde der ewige Sohn Mensch, und diese Erde berührten seine Füße und benetzten seine Tränen, Schweiß und Blut. Hier wurde »der Richter Israels mit der Rute auf die Backe geschlagen (Mi 4,14). Hier wurde der Stein vom Grabe gewälzt, geschah die Auferstehung, der Durchbruch in ein ewiges Leben, von hier aus operierte die erste Gemeinde und eroberte die Welt. Wahrlich mit Recht wird Israel in der Bibel »die Mitte der Erde« genannt (Hes 38,12).

Die Teilnehmer an der Schlacht

Nun soll das Problem Israel, des Unruhestifters im Nahen Osten, ein für alle Mal gelöst werden. Zu lang hat es die internationale Welt in Spannung gehalten. Das Problem Jerusalem soll vom Tisch. Deswegen versammeln sich die Völker gegen Israel (Sach 12,2-3) und wollen es vernichten. Sie wissen aber nicht, daß sie nur Werkzeuge einer anderen, einer göttlichen Strategie sind.

Besonders zu dem Fürsten des Nordens (der Antichrist?, der Verf.) sagt der Prophet: »Siehe, ich will dich herumlenken und dir *einen Haken ins Maul legen* und will dich ausziehen lassen mit deinem Heer. Ja, du führst viele Völker mit dir. Am Ende der Zeit sollst du zu dem Volk kommen, das aus vielen Völkern gesammelt ist, nämlich auf die Berge Israels. Du wirst heraufziehen wie ein Sturmwetter und wirst sein wie eine Wolke, die das Land bedeckt, du und dein ganzes Heer und die vielen Völker mit dir« (vgl. Hes 38,3-9).

Beim Propheten Micha findet sich die gleiche Aussage: »Nun aber werden sich viele Heiden wider dich zusammenrotten und sprechen: Sie ist dahingegeben! Wir wollen auf Zion herabsehen! Aber sie wissen des HERRN Gedanken nicht und kennen seinen Ratschlag nicht, daß er sie zusammengebracht hat wie Garben auf der Tenne« (Mi 4,11-12). Und nochmals der Gottesspruch in Sach 14,2: *»Ich werde alle Heiden sammeln zum Kampf gegen Jerusalem.«*

So erfüllt sich hinter der Inspiration der teuflischen Trinität (vgl. Offb 16,13-14) ein göttlicher Plan.

Israel aber kommt durch den Aufmarsch der Völker in äußerste Bedrängnis: »Jerusalem wird erobert, die Häuser werden geplündert und die Frauen geschändet. Die Hälfte der Stadt wird gefangen weggeführt werden« (Sach 14,2). – Israel wäre am Ende, wenn nicht sein Messias eingreifen würde, Jesus, den sie verworfen haben (Sach 12,10). »Und der HERR wird ausziehen und kämpfen gegen diese Völker. Seine Füße werden zu der Zeit auf dem Ölberg stehen, und der Ölberg wird sich in der Mitte spalten, vom Osten bis zum Westen, und ihr werdet fliehen. Da wird dann kommen der HERR, mein Gott, und alle Heiligen mit ihm. Es wird ein einziger Tag sein – er ist dem HERRN bekannt! – es wird nicht Tag und Nacht sein, und auch um den Abend wird es licht sein« (Sach 14,3-5.7).

Das Erscheinen des Menschensohnes

Das Zeichen des Menschensohns erscheint am Himmel (Mt 24,30), ja der Himmel selbst öffnet sich. »Und ich sah den Himmel aufgetan, und siehe, ein weißes Pferd, und der darauf saß, hieß: Treu und Wahrhaftig. Er richtet und streitet mit Gerechtigkeit. Seine Augen sind wie eine Feuerflamme und auf seinem Haupt sind viele Kronen... Und er war angetan mit einem Gewand, das mit Blut getränkt war und sein Name ist: Das Wort Gottes. Ihm folgte das Heer des Himmels auf weißen Pferden, angetan mit weißem, reinem Leinen« (vgl. Offb 19,11-14!). »*Aus seinem Munde ging ein scharfes Schwert, daß er damit die Völker schlage. Er tritt die Kelter, voll vom Wein des grimmi-*

gen Zornes Gottes, des Allmächtigen und trägt einen Namen geschrieben auf seinem Gewand: König aller Könige und Herr aller Herren« (Offb 19,11-16). Was für ein Bild! Was für eine Rechtfertigung des verachteten, mit Dornen gekrönten Jesus von Nazareth! Beides gehört zusammen: Sehet, welch ein Mensch! Sehet den Gottessohn! Hier der Gottesknecht — hier der Gottkönig. Im englischen Ausdruck »the Servant-King« ist beides vereint.

Bei seinem Anblick werden heulen alle Geschlechter der Erden (Mt 24,30) und »es werden ihn sehen alle Augen und alle, die ihn durchbohrt haben, und es werden wehklagen um seinetwillen alle Geschlechter der Erde« (Offb 1,7). Warum ist denn dein Gewand mit Blut getränkt? Auf diese Frage läßt der Prophet den göttlichen Vergelter antworten: »Ich trat die Kelter allein, und niemand unter den Völkern war mit mir. Ich habe sie gekeltert in meinem Zorn und zertreten in meinem Grimm. Da ist ihr Blut auf meine Kleider gespritzt, und ich habe mein ganzes Gewand besudelt. Denn ich hatte einen Tag der Vergeltung mir vorgenommen; das Jahr, die Meinen zu erlösen, war gekommen. Und ich sah mich um, aber da war kein Helfer, und ich verwunderte mich, daß niemand mir beistand. Da mußte mein Arm mir helfen, und mein Zorn stand bei mir. Und ich habe die Völker zertreten in meinem Zorn und habe sie trunken gemacht in meinem Grimm und ihr Blut auf die Erde geschüttet« (Jes 63,2-6) — und von diesem Blut wird gesagt, daß es über 300 km bis an die Zäume der Pferde floß (Offb 14,20). Gott läßt sich wahrlich nicht spotten (Gal 6,7)!

104

»Und ich sah das Tier und die Könige auf Erden und ihre Heere versammelt, Krieg zu führen mit dem, der auf dem Pferd saß, und mit seinem Heer« (Offb 19,19). Und die Könige und ihre Heere wurden erschlagen mit dem Schwert, das aus dem Munde des Reiters geht (Offb 19,21). »Ein Wörtlein kann ihn fällen« (Martin Luther).

Damit es nicht zu einer furchtbaren Verpestung des Landes Israels kommt, werden durch einen Engel die Vögel unter dem Himmel aufgeboten: »Kommt her! Versammelt euch zum großen Mahl Gottes! Freßt Fleisch von Königen, von Heerführern und von Helden, Fleisch von Pferden und ihren Reitern, Fleisch von allen, von Freien und Sklaven, von Großen und Kleinen« (Offb 19,17-18 EÜ, vgl. auch Hes 39,17-20!) Und alle Vögel werden satt (Offb 19,21).

Die höllische Trinität aber wird zersprengt. Der Antichrist und sein Mitkämpfer, der falsche Prophet, werden bei lebendigem Leib in den See von brennendem Schwefel geworfen (Offb 19,20) und somit endgültig gerichtet. Der Drache aber, die alte Schlange, das ist der Teufel und Satan, wird von einem Engel mit einer Kette gebunden und für die Zeit des Messiasreiches in den Abgrund geworfen, der über ihm versiegelt wird, damit er nicht mehr die Völker verführt (Offb 20,1-3).

»So triumphiert das Lamm über den Drachen, der Menschensohn über das Tier, die Braut über die Hure, die göttliche Dreieinheit über die satanische

Lügentrinität. Nun aber geht über dem Trümmerfeld der Gerichte heilbringend die Sonne der Gerechtigkeit auf. Nach der Zerschmetterung der antichristlichen Völkerverbindung tritt die Völkergemeinschaft des Tausendjährigen Reiches hervor. Nach dem Zusammenbruch aller menschlichen Fehlschläge soll nun offenbar werden, *was Gott kann.*« (Erich Sauer).

Das Völkergericht

Die Völker und Bewohner der Erde, die die Katastrophe des antichristlichen Weltreichs überlebt haben, werden nunmehr vor Gericht gerufen. »Die Heiden sollen sich aufmachen und heraufkommen zum Tal Josaphat; denn dort will ich sitzen und richten alle Heiden ringsum. Es werden Scharen über Scharen von Menschen sein im Tal der Entscheidung« (Joel 4,12.14). Auf dieses Ereignis scheint Jesus hinzuweisen, wenn er in Mt 25 von dem Völkergericht vor seinem Thron spricht: »Wenn der Menschensohn kommen wird in seiner Herrlichkeit, und alle Engel mit ihm, dann wird er sitzen auf dem Thron seiner Herrlichkeit, und alle Völker werden vor ihm versammelt werden. Und er wird sie voneinander scheiden, wie ein Hirte die Schafe von den Böcken scheidet« (Mt 25,31-32). Wir hören kein Wort von einer Auferweckung der Toten zum Gericht. Deswegen muß es sich hier um ein anderes Gericht als das in Offb 20,11 ff. handeln. Es findet unmittelbar nach der Wiederkunft Jesu statt und ergeht über die dann lebenden Völker. Das Kriterium dieses Gerichtes scheint das Verhalten der Völker Israel gegenüber, als Jesu geringstem Bruder (Mt 25,40!) zu sein: »In jenen Tagen und zur selben Zeit, da ich das Geschick Judas und Jerusalems wenden werde, will ich alle Heiden zusammenbringen und will sie ins Tal Joschafat hinabführen und will dort mit ihnen *rechten wegen meines Volkes und meines Erbteils Israel,* weil sie es unter die Heiden zerstreut und sich *mein Land* geteilt haben« (Joel 4,1-2). Es fließen allerdings zwei Gerichtsarten in Mt 25 in einem Bild zusammen. Erich Sauer hat zu diesem Gesetz der prophetischen Perspektive etwas hilfreiches gesagt:

»Allerdings wird das Völkergericht am Anfang des Tausendjährigen Reiches, wie es scheint – nach dem Gesetz der prophetischen Perspektive – mit dem Endgericht in einem Bilde zusammengeschaut, so daß Vorgericht und Endgericht, Teilgericht und Gesamtgericht zu einem einzigen, gewaltigen, sich gegenseitig durchdringenden Gesamtbilde zusammenfließen, so wie in ähnlicher Weise schon früher das erste Kommen des Messias mit seinem zweiten Kommen von den alttestamentlichen Propheten zusammengeschaut worden war (z.B. Jes 61,1-3 vgl. Lk 4,18+19) und wie in den Weissagungen Jesu selbst die zwei Auferstehungen vor und nach dem Tausendjährigen Reich – die nach Paulus und Johannes zeitlich auseinanderliegen (Offb 20,5+12; 1. Kor 15, 23+24) – zu einer einzigen großartigen Weissagung verbunden sind, die diese zeitliche Abstufungen nicht weiter hervorhebt (Joh 5,28+29; vgl. Dan 12, 2+3). Denn einerseits sagt Mt 25, daß der Menschensohn dies Gericht ausüben wird, »wenn er kommt in seiner Herrlichkeit und alle heiligen Engel mit ihm«

(V. 31), was sich — nach dem Gesamtzeugnis des Neuen Testaments — durchaus auf den Anbruch des Messiasreiches, auf sein Kommen zum Tausendjährigen Reich, als auf die Zeit vor den 1000 Jahren, beziehen muß (vgl. Offb 19,11 ff.); und andererseits spricht dasselbe Kapitel Mt 25 von der Verdammung der Verlorenen »in das ewige Feuer« (V. 41.46), was sich, nach der Weissagung der Offenbarung, durchaus auf das Endgericht beziehen muß (Offb 20,15). Denn nach Offb 19,20+21 werden im Gericht vor dem Tausendjährigen Reich nur das Tier und der falsche Prophet in den Feuersee geworfen, die anderen aber, die ihnen gefolgt waren, nur getötet. In den Feuersee geworfen werden die Verlorenen erst beim Gericht vor dem Großen Thron (Offb 20,15)« (a.a.O. S. 167).

Damit ist der Weg frei zur Errichtung des Messiasreiches.

D. Die Zukunft Israels

»Das Volk, das im Finstern wandelt, sieht ein großes Licht, und über denen, die da wohnen im finstern Lande, scheint es hell. Du weckst lauten Jubel, du machst groß die Freude… Denn du hast ihr drückendes Joch… und den Stecken ihres Treibers zerbrochen« (Jes 9,1-3).

I. Die Geschichte Israels seit der Verwerfung Jesu als Messias

Überliefert ist uns ein Gespräch, in dem Friedrich der Große von seinem General von Ziethen, der als bekennender Christ bekannt war, einen Gottesbeweis forderte, und dieser spontan antwortete: »Die Juden, Majestät!« — In der Tat ist die Anwesenheit dieses Volkes unter den Völkern mit seiner spezifischen Identität heute ein Wunder.

Die Zerstreuung Israels unter den Völkern

Im Jahre 70 nach Christus erfüllte sich Jesu Klage über Jerusalem: »Jerusalem, Jerusalem, die du tötest die Propheten und steinigst, die zu dir gesandt sind! … Siehe, ›euer Haus soll euch wüst gelassen werden‹« (Mt 23,37-38). Jerusalem wurde von den Römern unter Titus völlig zerstört mitsamt dem Tempel. 1,1 Millionen Juden kamen um. Es wurden so viele Kreuze zu Hinrichtungen benötigt, daß die Hügel um Jerusalem kahl geschlagen wurden. Als 135 n. Chr. der letzte Aufstand der Juden unter dem Pseudo-Messias Bar-Kochbah mißlang und die Juden aus Palästina vertrieben und ihnen bei Todesstrafe verboten wurde, jüdischen Boden je wieder zu betreten, war Israel als Nation von der Weltkarte verschwunden. »Der Zorn Gottes wird über dieses Volk kommen. Sie werden fallen durch die Schärfe des Schwertes und gefangen weggeführt werden unter alle Völker«, hatte Jesus zuvor gesagt (Lk 21,23-24).

Seither irrte Israel durch die Völker. Nachdem es geschrien hatte: »Sein Blut komme über uns und unsere Kinder« (Mt 27,25), ist seine fast 2000jährige Geschichte mit Blut geschrieben worden. Rechtlos wohnte dieses Volk unter den Völkern, als Beisaß und Fremdling, Freiwild der Gesellschaft und nur zu oft der Sündenbock einer Nation. Schon früh begannen in Ägypten die Judenprogrome. Im Mittelalter war fast jedes Land in Europa in Judenverfolgungen verwickelt. Die Juden selber versuchten sich in ihre Gastvölker zu integrieren und gute Staatsbürger zu sein. Umsonst! Aufgrund leidvoller, persönlicher Erfahrung rief Theo Herzl im Jahr 1897 den ersten Zionistischen Kongreß in Basel zusammen und prägte das Motto: Zurück nach Zion! Er wurde der Vater der Zionistischen Bewegung. Noch heute hängt sein Bild im Knesset. Zunächst wurde er verlacht. Schließlich überzeugte der Holocaust unter Hitler wohl auch den letzten Juden, daß Israel eine eigene Heimat braucht, mehr noch, daß Gott ihm sein Land zurückgeben wollte. Lautete nicht der letzte Gebetswunsch ihrer Passahliturgie: »Das nächste Passah in Jerusalem«?

Die Rückkehr Israels aus den Völkern

Jesus hatte davon gesprochen, daß Jerusalem nicht für immer in die Hand der Nichtjuden, der Heiden gegeben würde, sondern nur so lange, bis die Zeit, die für die Nationen bestimmt ist, erfüllt ist (Lk 21,24). Dann würde Israel in den messianischen Jubelruf ausbrechen: »Gelobt sei, der da kommt im Namen des Herrn!« (Mt 23,39). Die Zeit der Zuwendung Jesu zu den Heidenvölkern war die Zeit der Abwendung von seinem Volk: »Ihr werdet mich von nun an nicht sehen« (Mt 23,39). Israel wurde beiseite gesetzt, mit geistlicher Blindheit geschlagen (Röm 11,25). Es kam eine Gerichts-Decke über die Augen seines Herzens (2. Kor 3,15), die erst bei seiner Bekehrung zum Herrn abgetan wird (2. Kor 3,16).

Doch »Gottes Gaben und Berufung können ihn nicht gereuen« (Röm 11,29). Immer wieder spricht Gott im Alten Testament von Palästina als »seinem Land«, das ihm gehört (3. Mose 25,23; Joel 4,2), wie er auch von Israel als seinem Volk spricht, das er erwählt hat. Gottes Gabe an Israel ist das Land. Es wurde ihm als Unterpfand seiner Berufung zugeteilt. Es ist Abraham und seinem Geschlecht »*zu ewigem Besitz*« bestimmt worden (1. Mose 17,8). Nur für die Zeit seiner Beiseitesetzung war es ihm genommen worden, für die Zeit seiner »ruhenden Berufung«, wie Jesus bestätigt: »Das Reich Gottes wird von euch genommen und einem Volk gegeben werden, das seine Früchte bringt« (Mt 21,43).

Nun aber ist die Zeit gekommen, daß Gott das Geschick seines Volkes Israel und Juda gewendet und sie wieder in das Land ihrer Väter gebracht hat (vgl. Jer 30,3). Das 20. Jahrhundert ist Zeuge von der Erfüllung dieser alten Verheißungen geworden, die die Propheten gewissenhaft in einer Buchrolle festhalten mußten (vgl. Jer 30,2). Wir erlebten und erleben immer noch einen Exodus Israels aus allen Völkern. Gott hat sie aus dem Land des Nordens gebracht und sie gesammelt von *den Enden der Erde* (Jer 31,8). »Wie ein Hirte seine Schafe sucht, wenn sie von seiner Herde verirrt sind, so will ich meine Schafe suchen und will sie erretten von allen Orten, wohin sie *zerstreut waren zur Zeit, als es trüb und finster war.* Ich will sie aus allen Völkern herausführen und aus allen Ländern sammeln und will sie in ihr Land bringen und sie weiden auf den Bergen Israels... Ich selbst will meine Schafe weiden« (Hes 34,12-15). Die Rückführung Israels wird »in der letzten Zeit« geschehen und die Endzeit einläuten (vgl. Hos 3,5).

Die Staatsgründung Israels

Mit Zustimmung der Vereinten Nationen ist die Staatsgründung Israels am 14.5.1948 in Tel Aviv feierlich proklamiert worden. Es war ein historischer

Augenblick. Eine fast 2000jährige Geschichte der Verbannung und Entrechtung kam zu einem Ende. Wohl mußte sich Israel am Tag darauf sogleich gegen seine Nachbarn mit unzureichender Bewaffnung verteidigen, und ist seitdem in drei weitere Kriege verwickelt worden: 1956 (Suezkrise), 1967 (Sechs-Tage-Krieg), 1973 (Jom-Kippur-Krieg). Aber Gott hat sein Wort eingelöst: Wenn jemals die Schöpfungsordnung von Tag und Nacht und die Bewegung im Meer vor ihm ins Wanken käme, »so müßte auch das Geschlecht Israels aufhören, ein Volk zu sein vor mir ewiglich« (Jer 31,35-36). »Dies Geschlecht wird nicht vergehen« — eher noch Himmel und Erde — »bis daß dies alles geschehe« (Mt 24,34).

Freilich steht Israel vor unzähligen Problemen. Es muß erst noch zu einem Volk werden. Die Rückwanderer aus den Völkern haben ihre jeweilige kulturelle Prägung mitgebracht. Auch religiös ist Israel keineswegs homogen. Sozialisten finden sich neben Ultraorthodoxen. Der Überlebenskampf hält sie zusammen. Es wird noch viel an und in diesem Volk geschehen müssen, bis es wieder zum Segensträger für die Völker wird (vgl. Sach 8,13). Doch genau das wird geschehen: »Die Kinder Israel werden sich bekehren und Jahwe, ihren Gott, und ihren König David (den Messias) suchen und werden mit Zittern zu dem Herrn und seiner Gnade kommen in der letzten Zeit« (Hos 3,5).

II. Die Diskussion um das Messiasreich (Tausendjähriges Reich)

Weil die Kirche zu lange zu diesem Thema geschwiegen hat, ist es zu einem Tummelplatz der Schwärmer und Sektierer geworden. »Sekten sind Insekten am Leibe der Gemeinde« (A. Köberle). Sie weisen auf Geschwür und Defizite hin. Die Lehre von der Endzeit ist in den herkömmlichen Kirchen eher mager und unterentwickelt. In den Freikirchen und im Pietismus ist sie ausgebildeter. Eine gesunde und biblisch fundierte Lehre über die Endzeit gehört aber zum Christsein dazu, wie das Element der Hoffnung zum Dreiklang: Glaube, Hoffnung, Liebe (1. Kor 13,13).

Den Schlüssel zum Verständnis des Tausendjährigen Reiches finden wir in dem Satz: Das Tausendjährige Reich ist als Messiasreich für Israel bestimmt.

Die Auffassung der Alten und Römischen Kirche über das Tausendjährige Reich

Das Tausendjährige Reich ist ein biblischer Begriff. Wir finden ihn im Kapitel 20 des Offenbarungsbuches. Christus wird in Israel — also hier auf Erden — mit seinen Getreuen, den Märtyrern und mit denen regieren, die an der Erstauferstehung teilhatten. »Sie werden Priester Gottes und Christi sein und mit ihm regieren tausend Jahre« (vgl. Offb 20, 4-6). Während dieser Zeit wird der Satan gebunden sein (Offb 20,2-3).

Die Kirchenväter stellten sich in der Regel positiv zum sichtbaren Messiasreich, konnten sich aber einiger Übertreibungen in der Ausmalung der glückseligen Zustände nicht enthalten. Augustin hat dann in einer Gegenreaktion die Auffassung vom Tausendjährigen Reich spiritualisiert und gelehrt, Satan sei durch den Kreuzestod Jesu vernichtend geschlagen worden und Jesus regiere seitdem in der Kirche. Augustins Auffassung vom Gottesstaat — dargelegt in seinem Buch »De civitate Dei« — hat die Lehrbildung der Römischen Kirche in diesem Punkt entscheidend beeinflußt, die seit dem Mittelalter lehrt, das Tausendjährige Reich sei schon — besonders mit der konstantinischen Wende — in der röm.-kath. Kirche verwirklicht worden. Christus regiere durch die Institution des Papsttums. Von daher ist verständlich, daß sich das Papsttum gegenüber dem neuerstandenen Israel schwer tut. Es muß Israel als Konkurrenz empfinden.

Nun ist es wahr, daß Satan auf Golgatha einen, ja den vernichtenden Schlag bekommen hat. Aber es gilt nur für den Glaubenden und die glaubende Gemeinde: »Ein Wörtlein kann ihn fällen« — der Name Jesus. Ansonsten ist es Satan, der die Welt zum Abfall verführt und zur Steigerung der Gesetzlosigkeit in der Endzeit beiträgt (vgl. Offb 12,9!), so daß Johannes sagen kann: »Die ganze Welt steht unter der Macht des Bösen« (1. Joh 5,19). Nein, Satan ist noch nicht gebunden.

Der Stellvertreter Jesu auf Erden ist auch kein Mensch, sondern der Heilige Geist (2. Kor 3,17; Joh 14,26; 15,26). Er ist der Fürsprecher und Beistand der

Glaubenden (Joh 14,16! Mk 13,11). Auf lateinisch heißt Stellvertreter des Sohnes Gottes »VICARIUS FILII DEI«. Wer immer sich dieses Titels anheischig macht, gerät in das antichristliche Gefälle, auf welches die lateinischen Zahlenbuchstaben hindeuten.

Die Auffassung der protestantischen Kirche über das Tausendjährige Reich

Luther und die Kirche der Reformation haben mit dem Tausendjährigen Reich — mitverursacht durch zeitgenössische Entgleisungen — nicht viel anfangen können. In dem Augsburger Bekenntnis (CA 17) wird es eine »opinio judaica« genannt, eine jüdische Vorstellung, die für die Gemeinde Jesu irrelevant sei; einerseits zu Recht, können wir sagen, da sich das Messiasreich streng auf Israel bezieht. Andererseits hat es sich verhängnisvoll ausgewirkt, daß Luther das Verhältnis von Staat, Gemeinde Jesu und Israel besonders in ihrem endzeitlichen Gefälle nicht durchschaut hat. In der neueren Kirchengeschichte finden wir mit Comenius und bei den Vätern des Pietismus eine gebührende, theologische Aufarbeitung und Würdigung des gesamten Themenbereiches, die allerdings nicht frei von unzulässigen Grenzüberschreitungen war. Es ist jedoch an der Zeit, die Lehre vom Tausendjährigen Reich nicht als Sondergut des Offenbarungsbuches, sondern als Gemeingut der biblischen Offenbarung zu betrachten.

Dankbar sind wir für die Initiativen des Delitzschinstitutes und für die Intensivierung des jüdischchristlichen Dialogs: Sind doch wir, die Glaubenden aus den Völkern, als Zweige des ehemals »wilden Ölbaums« in den »guten Ölbaum« Israel eingepfropft worden, nachdem etliche der genuinen Zweige um ihres Unglaubens willen aus diesem ausgebrochen worden sind. Jesus war Jude (Joh 4,22) und ohne Israel wäre er niemals »die Wurzel und das Geschlecht Davids« (Offb 22,16) für die Gemeinde, blieben die Völker geistlich vertrocknete oder wilde Äste und Zweige. Und wie die Gemeinde eingepfropft wurde und Anteil am Saft des Christusbaumes hat, sofern sie bei seiner Güte bleibt, so kann auch Gott Israel wieder zum Leben helfen, sofern es nicht im Unglauben verharrt. »Gott kann sie wieder einpfropfen« (vgl. Röm 11,17-24).

Das Zeugnis des Alten und Neuen Testaments über das Tausendjährige Reich

In Israel ist die Sehnsucht nach dem Messiasreich niemals verklungen, die Erwartung des sichtbaren Gottesreiches auf Erden. Es war das Zentralthema der Verkündigung Jesu und seiner Gleichnisse. Die darin enthaltene politische Brisanz hat niemals durch die geistliche Schwerpunktsetzung der Gemeinde (vgl. Röm 14,17) gänzlich beiseite gelassen werden können. Uralt sind die prophetischen Hinweise auf den Davidsthron (vgl. 2. Sam 7,11-12). Messiashoffnung glüht in den Psalmen, die Gottes

Königsherrschaft besingen. »Ein gerechter Sproß soll David aufgehen, der Recht und Gerechtigkeit im Lande schafft« (Jer 33,15). »Auf ihm wird ruhen der Geist des HERRN, der Geist der Weisheit..., des Rates und der Stärke... Mit Gerechtigkeit wird er richten und mit dem Stabe seines Mundes den Gewalttätigen schlagen und mit dem Odem seiner Lippen den Gottlosen töten« (Jes 11,2-4). Es ist Israel versprochen: »So spricht Gott, der HERR: Siehe, ich will die Israeliten herausholen aus den Heiden, wohin sie gezogen sind, und will sie von überall her sammeln und wieder in ihr Land bringen und will ein einziges Volk aus ihnen machen im Lande auf den Bergen Israels, und sie sollen allesamt *einen König haben*... und nicht mehr geteilt in zwei Königreiche... Ich will sie retten von allen ihren Abwegen, auf denen sie gesündigt haben, und sie sollen mein Volk sein, und ich will ihr Gott sein. Und *mein Knecht David soll ihr König sein und der einzige Hirte für sie alle.* Und sie sollen wandeln in meinen Rechten und meine Gebote halten und danach tun« (Hes 37,21-24). Es geht noch weiter: »Sie sollen wieder in dem Lande wohnen, das ich meinem Knecht Jakob gegeben habe, in dem eure Väter gewohnt haben. Sie und ihre Kinder und Kindeskinder sollen darin wohnen *für immer,* und mein Knecht David (der Messias) *soll für immer ihr Fürst sein*« (Hes 37,25). In der Messias-Prophetie Jesajas wird gesagt, daß die Herrschaft auf der Schulter des Gott-Helden und Friedefürsten ruhen soll, daß seine Herrschaft groß und des Friedens kein Ende sein soll auf dem Thron Davids und in seinem Königreich (vgl. Jes 9,5-6). Dieser Davidsthron ist in der Verkündigung des Engels an Maria Jesus zugesprochen worden: »Er wird groß sein und ein Sohn des Höchsten genannt werden; und Gott, der Herr, wird ihm den Thron seines Vaters David geben, und er wird König sein über das Haus Jakob ewiglich, *und sein Reich wird kein Ende haben*« (Lk 1,32-33). Jesus aber hat während seiner irdischen Tätigkeit in Jerusalem keinen Davidsthron bestiegen. Dieses Ereignis steht noch aus.

Als die Jünger vor der Himmelfahrt frei heraus fragen, — Jesus hatte sie zuvor eingehend über das Reich Gottes unterwiesen (Apg 1,3): »*Wirst du in dieser Zeit wieder aufrichten das Reich für Israel?*« (Apg 1,6), lehnt Jesus diesen Gedanken nicht ab, verweist aber auf das Recht des Vaters im Himmel, den Zeitpunkt zu bestimmen (V. 7). Mit anderen Worten: Das Reich Israel wird wieder aufgerichtet durch Jesus, den Messias. Es ist das Messiasreich zunächst für Israel, dann aber auch für die Völker. Jesus hat selbst zu seinen Jüngern von der messianischen Erneuerung und Wiedergeburt der Schöpfung gesprochen, wenn er den Thron seiner Herrlichkeit, den Davidsthron, bestiegen haben wird (Mt 19,28). — Welche Hoffnung für unsere umweltgefährdete Erde! — Und vor dem Hohen Rat er öffentlich seine Wiederkunft in Herrlichkeit als Erfüllung der Menschensohnprophetie in Dan 7,13 bezeugt: »Von nun an werdet ihr sehen den Menschensohn sitzen zur Rechten der Kraft und kommen auf den Wolken des Himmels« (Mt 26,64). Von Paulus hörten wir schon, daß er eine Hinwendung ganz Israels zu Jesus erwartet (Röm 11,25-27), wenn ihm die Decke von den Augen genommen ist (2. Kor 3,14-16). Danach wird Jesus sein Reich an den Vater zurückgeben, damit Gott alles in allem sei (1. Kor 15,22-24).

III. Die Herrlichkeit des zu erwartenden Messiasreiches

Großes wird vom Messiasreich berichtet. Die Umkehr Israels hat die Umkehr der Völker zur Folge. Die Kreatur atmet auf. Die Vegetation der Erde entfaltet sich wieder. Weil es das Messiasreich gibt, haben wir Hoffnung für unsere Erde, daß sie bewohnbar bleibt und wieder bewohnbar wird, wenn Jesus seine Herrschaft aufrichtet. Die Umweltschäden werden dann überwunden sein.

Die Umkehr Israels

Durch die schweren Erschütterungen des antichristlichen Weltreichs geläutert und voller Entsetzen die Kreuzigungsmale an ihrem Retter und Messias erkennend wird Israel in eine nationale Klage ausbrechen, weil sie sehen, wen sie in ihrer Blindheit »durchbohrt« haben (vgl. Sach 12,9-14). Voll Abscheu über sich selbst (Hes 36,31) werden sie weinend (Jer 50,4) und zitternd (Hos 3,5) ihren Gott suchen: »Kommt, wir wollen uns dem HERRN zuwenden zu einem ewigen Bund, der nimmermehr vergessen werden soll!« (Jer 50,4-5). Mit dem Propheten Jesaja werden sie bekennen: »Wir gingen alle in die

Irre wie Schafe, ein jeder sah auf seinen Weg, aber der Herr warf unser aller Sünde auf ihn« (Jes 53,6). Bitter ist diese Erkenntnis und doch öffnet sie die Augen, daß Israel einen »offenen Quell gegen Sünde und Befleckung« hat (Sach 13,1), der sie »von ihrer Abtrünnigkeit heilt« (Hos 14,5). Israel wird von dem steinernen Herzen befreit und bekommt ein neues, fleischernes Herz (Hes 36,26). Gottes Gesetz wird in den Herzen geschrieben sein (Jer 31,33) und alle, klein und groß, werden ihn kennen (Jer 31,34). Gottes Geist wird ihnen geschenkt werden (Hes 36,27; Sach 12,10) — und das alles, weil ihnen ihre Missetat vergeben ist und ihrer Sünde nicht mehr gedacht wird (Jer 31,34). »Wo Vergebung der Sünde ist, da ist Leben und Seligkeit« (Martin Luther).

Gott wird sein Volk heiligen »durch den Geist, der richten und ein Feuer anzünden wird. Dann wird der Herr über der ganzen Stätte des Berges Zion und über ihren Versammlungen eine Wolke schaffen am Tage und Rauch und Feuerglanz in der Nacht ... zum Schutz über allem, was herrlich ist« (Jes 4,4-5). Man wird nirgends Sünde tun noch freveln auf dem heiligen Berg Gottes, der Wohnstatt des Messias. »Denn das Land wird voll Erkenntnis des Herrn sein, wie Wasser das Meer bedeckt« (Jes 11,9) — ein Wort, dessen Erfüllung streng an das sichtbare Messiasreich zu binden ist. Bis zu den Kochtöpfen in den Küchen und zum Geschirr der Pferde wird das Wort des hohenpriesterlichen Kopfbundes vordringen: »Heilig dem Herrn!« (Sach 14,20-21). Heiligung als Ausrichtung aller Lebensbereiche auf Gott, als Messianisierung des gesamten Lebens wird in Israel Wirklichkeit werden.

Diese Verwandlung Israels wird so gewaltig und faszinierend sein, daß »*zehn* Männer aus allen Sprachen der Heiden *einen* jüdischen Mann beim Zipfel seines Gewandes ergreifen und sagen werden: Wir wollen mit euch gehen, denn wir hören, daß Gott mit euch ist« (Sach 8,23). So wird Israel nicht mehr ein fluchbringendes Bild des Entsetzens (Jer 24,9), sondern ein Segen mitten auf Erden (Jes 19,24) und ein Tau vom Herrn (Mi 5,6) für die Völker sein. Wie träumend wird Israel diese Stunde seiner messianischen, seiner geistlichen Wiedergeburt erleben, und die Völker werden staunend bezeugen: Jahwe hat Großes an ihnen getan (vgl. Ps 126,1-2). »So werden die Erlösten des HERRN *heimkehren* und nach Zion kommen mit Jauchzen, und ewige Freude wird auf ihrem Haupte sein. Wonne und Freude werden sie ergreifen, aber Trauern und Seufzen wird von ihnen fliehen« (Jes 51,11).

Freilich, bis zu dieser völligen Erneuerung ist für Israel noch ein längerer Weg. Nicht als Volk Gottes, sondern als jüdische Nation kam Israel in sein angestammtes Land zurück, weithin mehr aus politischen als religiösen Gründen. Die Gebeine müssen noch zusammenrücken, bevor der Lebensodem Gottes sie ergreift (vgl. Hes 37). Wenn sich die Rückkehr Israels als Volk nach zweitausendjähriger Verbannung unter die Völker schon als ein Wunder erfüllt hat, dann dürfen wir auch auf das zweite Wunder seiner Erneuerung hoffen und vertrauen. »Gottes Gaben und Berufung können ihn nicht gereuen« (Röm 11,29).

Die Umkehr der Völker

Die messianische Erneuerung erfaßt die Völker. Gottes Heilshandeln, in Israel begonnen, hatte immer das Geschick der Völker im Auge (Lk 2,30-32), weil »er will, daß alle Menschen gerettet werden und zur Erkenntnis der Wahrheit kommen« (1. Tim 2,4). Nachdem die Völker nunmehr dem wahren Gott begegnet sind, verlassen sie ihre Religionen und bekennen: »Nur Lüge haben unsere Väter gehabt, nichtige Götter, die nicht helfen können« (Jer 16,19-20). Und: »Nur bei dir (Israel) ist Gott, und sonst ist kein Gott mehr« (Jes 45,14; vgl. Ps 96, 4-5!).

Was auf dem Berg der Verklärung Petrus und der glaubenden Gemeinde von Gott selbst eingeschärft worden war, daß er neben Jesus keinen Mose und Elia, geschweige Mohammed, Buddha oder Konfuzius duldet: »Das ist mein geliebter Sohn; *auf ihn* sollt ihr hören!« (Mk 9,7) — ist nunmehr Glaubensüberzeugung aller nicht-christlichen Völker. So werden die Namen der falschen Gottheiten aus dem Lande ausgerottet (Sach 13,2) und »mit den Götzen wird's ganz aus sein. Da wird man in die Höhlen der Felsen gehen und in die Klüfte der Erde vor dem Schrecken des HERRN und vor seiner herrlichen Majestät« (Jes 2,18-19). Jesus ist uneingeschränkter Herr und König über die ganze Welt (Sach 14,9; Ps 96,10). Auf dem Berg Zion wird den Völkern die Decke von den Augen genommen (Jes 25,7), die nur er wegnehmen kann (2. Kor 3,14-16). So hat es die Gemeinde zuvor erfahren.

Und wie Jesus seinen Getreuen ein Festmahl bereitet (vgl. Lk 12,37; Offb 19,9), so wird er allen Völkern nach dem Gottesgericht auf dem Berg Zion »ein fettes Mahl machen, ein Mahl von reinem Wein, von Fett, von Mark, von Wein, darin keine Hefe ist … Und Gott der HERR wird die Tränen von allen Angesichtern abwischen« (Jes 25,6.8). Nunmehr kann es zur Massenbekehrung unter den Menschen kommen, zur Messianisierung der Völker: »Das Reis aus der Wurzel Isais wird dastehen als Zeichen für die Völker. Nach ihm werden die Heiden fragen« (Jes 11,10). »Viele Völker, Heiden in Scharen, werden kommen, den HERRN Zebaoth in Jerusalem zu suchen und den HERRN anzuflehen« (Sach 8,22).

Die Welt wendet sich Gott zu (Ps 22,28-32!). Er ist König über die ganze Erde (Ps 47,8). Aus Zion ist der schöne Glanz Gottes angebrochen (Ps 50,2-3). Unser Gott ist gekommen und hat nicht geschwiegen: »Wendet euch zu mir, so werdet ihr gerettet, aller Welt Enden; denn ich bin Gott, und sonst keiner mehr … Mir sollen sich alle Knie beugen und alle Zungen schwören und sagen: Im HERRN habe ich Gerechtigkeit und Stärke« (Jes 45,22-24). Selbst bisherige Erzfeinde Israels, Ägypten und Irak, werden sich zum Herrn, dem Gott Israels, bekehren (Jes 19, 22-23). Ihre Dreierverbindung wird den Nahen Osten politisch stabilisieren. So sieht Gottes Friedensplan für dieses krisengeschüttelte Gebiet der Welt aus. »Zu der Zeit wird Israel der dritte sein mit den Ägyptern und Assyrern, ein Segen mitten auf Erden; denn der HERR Zebaoth wird sie segnen und sprechen: Gesegnet bist du, Ägypten, mein Volk, und du, Assur, meiner Hände Werk, und du, Israel, mein Erbe!« (Jes 19,24-25).

Die messianische Erneuerung führt zur Umgestaltung, zur Verwandlung der Völker. Mit reinen Lippen werden sie den Namen Gottes anrufen und ihm einträchtig dienen (Zef 3,9). Stolze Prahler können sich auf dem heiligen Berg Gottes nicht mehr überheben (Zef 3,11). »Vom Aufgang der Sonne bis zum Niedergang ist mein Name herrlich unter den Heiden...«, spricht der HERR Zebaoth« (Mal 1,11). Die Völker werden nach Jerusalem wallfahrten (Jes 2, 2-3), in »die Stadt des großen Königs« (Mt 5,35); »denn von Zion wird Weisung ausgehen und des HERRN Wort von Jerusalem« (Jes 2,3). »Zu jener Zeit wird man Jerusalem nennen ›Des HERRN Thron‹ und es werden sich dahin sammeln alle Heiden um des Namens des HERRN willen zu Jerusalem, und sie werden nicht mehr wandeln nach ihrem verstockten und bösen Herzen« (Jer 3,17).

Nun ist die Kriegsgefahr gebannt und Schwerter werden zu Pflugscharen geschmiedet, weil Jesus Richter ist unter den Völkern (Jes 2,4) und weil der Widersacher und Verführer, Satan, der Böse, gebunden ist (Offb 20,2). Soziale Gerechtigkeit ist erreicht (Jes 11,3-4; Ps 72,12-14), der Krankheitsnot gewehrt (Jes 35,3-6). Die Menschen sterben alt und lebenssatt (Jes 65,20). Keine Rassendiskriminierung trennt die Völker (Mt 8,11; Jes 19,25). Alle wohnen in gesicherten Grenzen (vgl. 5. Mose 32,8 mit Apg 17,26; Ps 74,17). All dies ist nur möglich, weil »die Erde voll Erkenntnis des HERRN ist, wie Wasser das Meer bedeckt« (Jes 11,9; Hab 2,14) und weil die Weltherrschaft auf den

Schultern dessen ruht, der »Wunder-Rat, Gott-Held, Ewig-Vater und Friedefürst« heißt, dessen »Herrschaft groß sein wird und des Friedens kein Ende auf dem Thron Davids und in seinem Königreich« (Jes 9,5-6).

Wiederherstellung der Schöpfung

Die Erneuerung der Menschen greift auf die Natur über, die Wiederherstellung des Geschöpfes auf die Wiederherstellung der Schöpfung. Seit dem Fall des Menschen ist die Schöpfung wider ihren Willen der Vergänglichkeit unterworfen (vgl. 1. Mose 3,17 und Röm 8,20). Bis auf den heutigen Tag seufzt sie und »liegt in Geburtswehen« (so Röm 8,22 wörtl.). Doch auch ihr gilt das Evangelium, »aller Kreatur« (Mk 16,15); die Schöpfung wurde mit der Hoffnung unterworfen, daß auch sie selbst einmal frei wird von der Knechtschaft an die Vergänglichkeit und Anteil bekommt »an der Freiheit der Kinder Gottes« (Röm 8,21). Geht es dem Menschen wieder gut, dann auch seiner Umwelt. Der Fluch ist von der Erde genommen (Jes 30,23). Ihr stummes Gebet zum Himmel ist erhört, denn Korn, Wein und Öl wachsen wieder, sicher ohne Pestizide (Hos 2,23). Gott selbst wird sich der Aussaat annehmen (vgl. Hos 2,24). Er öffnet Wasserbäche auf den Höhen und Quellen in der Wüste (Jes 41,18). »Die Wüste und Einöde wird frohlocken, und die Steppe wird jubeln und wird blühen wie die Lilien ... Die Herrlichkeit des Libanon ist ihr gegeben, die Pracht von Karmel und Saron« (Jes 35, 1-2). Was für ein Lichtblick angesichts der sterbenden Wälder!

126

Besonders das Land Israel wird Modellcharakter gewinnen, wenn es »zu Eden, zu einem Garten des HERRN« wird (Jes 51,3; Hes 36,35), »daß man Wonne und Freude darin findet, Dank und Lobgesang«. Darum: »Merkt auf mich, ihr Völker…! Denn *mein Recht* will ich gar bald zum Licht der Völker machen« (Jes 51,4). Gottes Verheißung eines Landes, »darin Milch und Honig fließt« (Jer 11,5) wird dann seine letztgültige Erfüllung finden. Israel als »liebes Land und allerschönster Besitz unter den Völkern« (Jer 3,19), das Land Gottes als »eines lieben Mannes« (Jes 62,4) wird die Freude der ganzen Welt sein (Ps 48,3)! Die gesamte Schöpfung stimmt ein in den Jubelruf: »Jauchzet, ihr Himmel, freue dich, Erde! Lobet, ihr Berge, mit Jauchzen! Denn der Herr hat sein Volk getröstet und erbarmt sich seiner Elenden« (Jes 49,13).

Neben der Pflanzenwelt kommt auch die Tierwelt in den Genuß des Friedens und der Befreiung von der Vergänglichkeit und Furcht. »Wölfe wohnen bei den Lämmern, Panther lagern bei Böcken…, Kühe und Bären weiden zusammen, daß ihre Jungen beieinanderliegen, und Löwen werden Stroh fressen wie die Rinder« (Jes 11,6-7). Auch Otter und Natter haben ihre Gefährlichkeit verloren, so daß ein Säugling an ihrem Loch spielen kann (Jes 11,8), wenn sie auch weiterhin auf der Erde kriechen und Staub schlucken müssen (vgl. Jes 65,25). Selbst der Schein von Mond und Sonne wird sich erhöhen, »wenn der HERR den Schaden seines Volkes verbinden und seine Wunden heilen wird« (Jes 30,26)!

Und die Gemeinde?

Welche Aufgabe kommt der Gemeinde während des messianischen Reiches auf Erden zu? Nach der Vereinigung mit ihrem Herrn in der Entrückung wird sie »bei ihm sein allezeit« (1. Thess 4,17). Nichts wird sie von ihrem Haupt mehr scheiden können (vgl. Röm 8,38-39).

> »Ich hang und bleib auch hangen
> an Christo als ein Glied;
> wo mein Haupt durch ist gangen,
> da nimmt er mich auch mit ...«

singt Paul Gerhardt in österlicher Freude. Noch größer wird diese Freude sein, wenn wir aus dem Glauben ins Schauen getreten und »daheim sind bei dem Herrn« (2. Kor 5,7-8). Als Glieder am verherrlichten Leibe Christi nimmt die Gemeinde nunmehr an Jesu Weltregierung teil (Kol 3,4; 2. Thess 2,14; Offb 3,21; Offb 2,26-28!). Die Leiden in der Kreuzesnachfolge haben sie auf diese Aufgabe vorbereitet (vgl. 2. Tim 2,12). Ihr Auferstehungsleib ermöglicht einen umfassenden Einsatz während des Messiasreiches. Sie stellt gleichsam die geistliche Kerntruppe dar. Sie ist zu Hause in den ewigen Wohnungen des Vaters (Joh 14,1-3). Gleichwohl kann sie wie Jesus nach der Auferstehung auf Erden kommunizieren und partizipieren (vgl. Joh 20,19.27; Lk 24,39-43; Mt 26,29).

Schon heute erlebt die Gemeinde eine Vorerfüllung des Himmelreiches, des messianischen Reiches in ihrer Mitte. Ihr ist das Messiasgeheimnis anvertraut (vgl. zu 1. Kor 4,1-2; Mk 4,11): »Gewaltig und bekenntniswürdig ist das Geheimnis des Glaubens und der Frömmigkeit: Er!« — Jesus Christus (1. Tim 3,16). Das macht die Gemeinde zum Hause Gottes, zum Pfeiler und zur Grundfeste der Wahrheit (1. Tim 3,15). Ihr ist der Weltauftrag gegeben, Licht und Salz zu sein (Mt 5,13-14). Sie ist die Messiasstadt auf dem Berge (vgl. Jes 2,1-4 zu Mt 5,14). Sie führt kein Winkeldasein (Apg 26,26). Mit Waffen nicht von dieser Welt, sondern mächtig aus Gott schleift sie Festungen und Verschanzungen, reißt alle hohen Gedankengebäude nieder, die sich gegen die Erkenntnis Gottes auftürmen, und nimmt alles Denken gefangen, so daß es Christus gehorcht (vgl. 2. Kor 10,3-5 in der EÜ). Sie weiß um den geistlichen Kampf mit der unsichtbaren satanischen Welt (vgl. Eph 6,10-13). Sie erfährt das Messiasgericht in ihrer Mitte (vgl. 1. Kor 11,31-32 und 1. Petr 4,17) und feiert das Messiasmahl, »bis daß Er kommt« (1. Kor 11,23-26; Mt 26,29). Und das alles in der Knechtsgestalt und auf dem Wege der Kreuzesnachfolge, »als die Unbekannten, und doch bekannt; als die Sterbenden und siehe, wir leben; als die Gezüchtigten, und doch nicht getötet; als die Traurigen, aber allezeit fröhlich, als die Armen, aber die doch viele reich machen; als die nichts haben, und doch alles haben« (2. Kor 6,9-10)! Sie lebt schon jetzt im angebrochenen Messiasreich und wertet das Schwert des Wortes höher als alle irdische Gewalt (vgl. Mt 11,2-6.12; Joh 18,36-37; Mt 26,52-54). Welch ein Stand!

Somit wird das Messiasreich zu einer Zeit weltweiter »Wiedergeburt« (Mt 19,28). An seiner Herrlichkeit nimmt die gesamte irdische Schöpfung teil: Israel, die Völker, die Natur und die Gemeinde. Dies ist die Zeit der Erquickung vom Angesicht des Herrn, der den gesandt hat, der zuvor zum Christus und Messias bestimmt ist: Jesus (Apg 3,20). Ihn mußte der Himmel aufnehmen »bis zu den Zeiten der Wiederherstellung von allem, wovon Gott von jeher durch den Mund seiner heiligen Propheten geredet hat« (Apg 3,21). Und über Efratas Fluren, auf welchen Jakob einst als einer der ersten Wanderer zur zukünftigen Welt seine geliebte Frau, Rahel, begraben hatte (1. Mose 35,19-20), geht das Lied der Engel in Erfüllung:

> »Ehre sei Gott in der Höhe
> und Friede auf Erden bei den Menschen
> seines Wohlgefallens«
> (Lk 2,14)

IV. Weltuntergang und Weltgericht

Das Messiasreich ist zeitlich bemessen (1000 Jahre) — ein Hinweis auf seine Unvollkommenheit. Satan ist zwar gebunden und ohne Einfluß (Offb 20,1-2; vgl. auch Jes 24,21-23), die Kraft der Sünde aber und des Ungehorsams ist noch nicht gebrochen (vgl. Sach 14,17-19). Auch der Tod herrscht noch (Jes 65,20). Jesus muß mit eisernem Zepter regieren (Ps 2,8-9; Offb 19,15), um allen Widerstand zu zerschlagen (Offb 2,26-27 und 12,5!). Unbotmäßige Völker werden u. a. mit dem Entzug von Regen bestraft

(Sach 14,17). So herrscht wohl Gerechtigkeit auf Erden, aber noch nicht im Herzen aller Menschen.

Weltempörung

Deswegen muß Satan noch einmal losgelassen werden, um die Völker, die das Messiasreich erlebt haben, zu worfeln und zu prüfen (Offb 20,7-10). Es soll keiner aus Zwang Jesus nachfolgen oder gar ihm ewig mit halbem Herzen dienen müssen. So werden die Menschen, die gerade das Friedensreich unter der Herrschaft Jesu genossen haben, noch einmal vor die Wahl gestellt: Christus oder Satan.

Und was geschieht? Es kommt durch die Verführung Satans zu einer weltweiten Empörung gegen Gott und seinen Christus (Offb 20,7-8). So tief verwurzelt ist die Sünde im menschlichen Herzen! In unzähligen Scharen — »ihre Zahl ist wie der Sand am Meer« (20,8) — ziehen die Völker unter Führung von Gog und Magog, Fürsten der Nordreiche (vgl. Hes 38), gegen Jerusalem hinauf, um »die geliebte Stadt« zu umlagern und ihre Heiligen zu vernichten (Offb 20,9). Dies wird die letzte aller Rebellionen sein. Augenblicklich antwortet Gott: Feuer fällt vom Himmel und verzehrt sie alle; Satan wird als Anstifter in den feurigen Pfuhl geworfen, in dem der Antichrist und sein Prophet schon gequält werden (Offb 20,9-10).

Nun bricht der jüngste, der letzte Tag über diese Welt herein.

»Dies irae, dies illa
Solvit saeculum in favilla.«

So haben die Alten diesen Tag des Zorns besungen, der in einem Augenblick die Welt vernichten wird. Das Weltgebäude steht in Flammen: Erde, Himmel, Sterne, der gesamte Kosmos brennt. »Dann werden die Himmel zergehen mit großem Krachen; die Elemente aber werden vor Hitze schmelzen, und die Erde und die Werke, die darauf sind, werden ihr Urteil finden« (2. Petr 3,10). Die Erde zerbirst und zerbricht (Jes 24,19). Die Sterne des Himmels verwelken und schwinden dahin, und der Himmel wird zusammengerollt wie eine Buchrolle (Jes 34,4; Ps 102,27). Alle Gottlosen und Verächter werden wie Stroh im Feuerofen verbrannt (Mal 3,19).

»Dies ist die Antwort des Allmächtigen auf die gemeinste Rebellion seiner Geschöpfe. Dies ist der Gegenschlag des Weltherrn gegen den höllischen Aufruhr seines Weltalls. Dies ist die letzte Offenbarung des gerechten Zornes Gottes über allen irdischen und himmlischen Schauplatz der Sünde.

Dann aber geht aus dem Feuergericht eine neue, herrliche Welt hervor. Nicht Vernichtung, sondern Verwandlung, nicht Auflösung, sondern Neuschöpfung, nicht Verheerung, sondern Verklärung war Gottes Endziel bei der Zerstörung. Aus dem Vergehen von Himmel und Erde (vgl. Mt 5,18 + 24,35) wird ein Übergehen in einen neuen Himmel und eine neue Erde, in welchen Gerechtigkeit wohnt (2. Petr. 3,13)« (E. Sauer).

Weltgericht

»Und ich sah einen großen, weißen Thron und den, der darauf saß; vor seinem Angesicht flohen die Erde und der Himmel, und es wurde keine Stätte für sie gefunden. Und ich sah die Toten, groß und klein, stehen vor dem Thron, und Bücher wurden aufgetan.

Und ein anderes Buch wurde aufgetan, welches ist das Buch des Lebens. Und die Toten wurden gerichtet nach dem, was in den Büchern geschrieben steht, nach ihren Werken« (Offb 20,11-12).

Fliehen müssen vor dem Angesicht des Weltenrichters die Schauplätze der Sünde: Himmel und Erde (s. Eph 2,2-3 + 6,12). Alle Toten, die jemals auf Erden gelebt haben, müssen zum Endgericht vor dem großen, weißen Thron erscheinen. Meer und Totenreich werden geleert (Offb 20,13). Allein die Gemeinde, die Gläubigen des Alten und Neuen Bundes, die als Braut Christi der Erstauferstehung »gewürdigt« (Lk 20,35) und vor dem Richterstuhl Christi bereits offenbar geworden sind (vgl. 2. Kor 5,10), sind ausgenommen.

Es heißt von den Toten, daß sie nach ihren Werken gerichtet werden. So hat auch Paulus über die Menschen gelehrt, die Jesus oder das Gesetz Gottes nicht gekannt haben.

»Darum, o Mensch, kannst du dich nicht entschuldigen... Weißt du nicht, daß dich Gottes Güte zur Buße leitet? Du aber mit deinem verstockten und unbußfertigen Herzen häufst dir selbst Zorn an auf den Tag des Zorns und der Offenbarung des gerechten Gerichts Gottes, *der einem jeden geben wird nach seinen Werken:* ...Trübsal und Angst über alle Seelen der Menschen, die Böses tun, *zuerst der Juden und ebenso der Griechen;* Herrlichkeit aber und Ehre und Frieden allen denen, die Gutes tun, zuerst den Juden und ebenso den Griechen. Denn es ist kein Ansehen der Person vor Gott« (vgl. Röm 2,1-11).

Das Entscheidende im Endgericht aber scheint zu sein, daß der Name der vor Gericht Erscheinenden im Buch des Lebens verzeichnet ist. Nun lesen wir vom Buch des Lebens nicht erst im Neuen, sondern bereits im Alten Testament (vgl. bes. 2. Mose 32,32; Jes 4,3; Dan 12,1; Mal 3,16 neben Lk 10,20; Phil 4,3 und Offb 13,8). Ja, im Buch der Offenbarung wird sogar gesagt, daß dieses Buch von Anfang der Welt existiert (Offb 13,8 + 17,8). Es wird das Lebensbuch des Lammes genannt, das erwürget ist (Offb 13,8). So ist der Gedanke denkbar, daß Jesus von Anfang der Welt die Namen derer in sein Buch aufgenommen hat, die ihn nicht kannten, ihn aber ersehnten und entsprechend lebten. Wer ihn aber kannte und nicht an ihn glaubte, dem ist es Sünde (vgl. Joh 16, 8-9).

Zusammen mit dem Endgericht geht die zweite, allgemeine Auferstehung einher (vgl. Offb 20,4-6). Gerechte und Ungerechte werden leibhaftig auferstehen (vgl. Apg 24,15). »Es kommt die Stunde, in der *alle, die in den Gräbern sind,* die Stimme des

Menschensohnes hören werden, und werden hervorgehen, die Gutes getan haben, zur Auferstehung des Lebens, die aber Böses getan haben, zur Auferstehung des Gerichtes« (Joh 5,28-29). Es wird ein Erwachen zum ewigen Leben oder zu ewiger Schmach und Schande sein (vgl. Dan 12,2).

Furchtbar ist das Los der Ungerechten. Die Bibel spricht von Drangsal und Angst (Röm 2,9), von Heulen und Zähneknirschen aus Wut und Verzweiflung über sich selbst (Mt 22,13 + 8,12), von »äußerster Finsternis« (Mt 8,12), von »ewigem Verderben fern von dem Angesicht des Herrn« (2. Thess 1,9) und von »ewiger Pein« (Mt 25,46). Jesus hat mehr als einmal über die Hölle als Ort der Qual gesprochen, über »das Feuer, das nie verlöscht« und über »den Wurm, der nicht stirbt« (vgl. Mk 9,42-48 und Mt 13,49 + 25,41). Er sprach davon: wie man das Unkraut ausjätet und mit Feuer verbrennt, so würde es am Ende der Welt gehen. »Der Menschensohn wird seine Engel senden, und sie werden sammeln aus seinem Reich alles, was zum Abfall verführt, und die das Unrecht tun, und werden sie in den Feuerofen werfen« (Mt 13,41-42). Jesus hat über Jerusalem geweint, weil er sich der Härte des Gerichtes bewußt war (Lk 19,41-44). Wie reagieren wir?

In der Offenbarung lesen wir vom Feuersee, der mit Schwefel brennt, der für die Feigen und Ungläubigen, für die Frevler, Mörder und Unzüchtigen, für die Zauberer, Götzendiener und alle Lügner bestimmt ist (Offb 21,8 + 22,15). Und: »Wenn jemand nicht gefunden wurde geschrieben in dem Buch des Lebens, der wurde geworfen in den feurigen Pfuhl«

(Offb 20,15). Gott wird seine Tenne fegen und seine Schöpfung säubern.

Wie das Messiasgericht zu Beginn des Messiasreiches, so bestimmt das Weltgericht, wer in die neue Welt Gottes, in den neuen Himmel und die neue Erde eingehen darf und wer nicht (Offb 21,27). Auf die Frage, ob es nur wenige sind, die gerettet werden, hat Jesus geantwortet: »Ringet darum, daß ihr durch die enge Pforte hineingeht!« (Lk 13,23-24).

E. Die Weltvollendung

»Und ich sah einen neuen Himmel und eine neue Erde; denn der erste Himmel und die erste Erde sind vergangen, und das Meer ist nicht mehr. Und ich sah die heilige Stadt, das neue Jerusalem, von Gott aus dem Himmel herabkommen, bereitet wie eine geschmückte Braut für ihren Mann. Und ich hörte eine große Stimme vom Thron her, die sprach: Siehe da, die Hütte Gottes bei den Menschen! Und er wird bei ihnen wohnen, und sie werden sein Volk sein... Und Gott wird abwischen alle Tränen von ihren Augen, und der Tod wird nicht mehr sein, noch Leid noch Geschrei noch Schmerz wird mehr sein... Und der auf dem Thron saß, sprach: Siehe, ich mache alles neu!« (Offb 21,1-5).

(Anmerkung: Wenn nicht anders erwähnt, entstammen fortan alle Zitate dem Buch der Offenbarung.)

I. Der neue Himmel und die neue Erde

Neu heißt nicht völlig anders. Es wird weiterhin Himmel und Erde und Stofflichkeit geben. Wir sahen schon: Gott will nicht vernichten, sondern verwandeln und verklären (vgl. Ps 102,26-28! 1. Kor 15,53). So können wir Kontinuität beobachten. Gott läßt nicht fahren die Werke seiner Hände. Erlösung ist immer Erlösung seiner Schöpfung, die einmal sehr gut war. In der Wiedergeburt und Neuschöpfung läutert und heiligt Gott die Werke seiner Hände vom Makel des Falls. Es ist deswegen ganz wichtig, daß wir als Gläubige einen erlösten Bezug zum geschöpflichen Leben bekommen, zum Lachen und Weinen, zum Spiel und zu unserem Leib, aber auch zur Weltverantwortung.

Freilich wird es ein Himmel und eine Erde von neuer Stofflichkeit sein, gleichsam ein Himmels-und Lichtstoff im Vergleich zum Staub der Erde (vgl. Mt 17,2!). Gleichwie ein Stück schmutzigen Kohlenstoffs, in einer Retorte verschlossen, sich bei großer Hitze gasartig verflüchtigt, dann aber hinterher sich als herrlicher Diamant wieder kristallisiert. »Alles Leibliche ist Keim von Geistlichkeit« (E. Sauer). »Es wird gesät verweslich und wird auferstehen unverweslich. Es wird gesät ein irdischer Leib« (vgl. 1. Mose 2,7) »und wird auferstehen ein geistlicher Leib« (1. Kor 15,42+44).

So lesen wir weiterhin von Wasser (22,1), vom Meer (15,2), von Bäumen (22,2), von Harfen (15,2), Palmen (7,9) und der Stadt (21,2), von Gewändern (19,8), Thronen (22,3) und Straßen (21,21). Allein der Stoff ist ein anderer, ewig und vollkommen. Nur Bilder können die neue Stofflichkeit beschreiben:

> »Ich sah etwas, das einem gläsernen Meer glich und mit Feuer durchsetzt war« (15,2).

138

»Und er zeigte mir einen Strom, das Wasser des Lebens, klar wie Kristall« (22,1).
»Die zwölf Tore sind zwölf Perlen« (21,21).
»Die Straße der Stadt ist aus reinem Gold, wie aus
klarem Glas« (21,21).

Die neue Erde – Mittelpunkt des Universums

Die Sehnsucht Gottes, bei den Menschen zu
wohnen, wie sie uns seit dem Bau der Stiftshütte, des
Tempels, der Menschwerdung Jesu und der Grün-
dung der Gemeinde als Tempel des lebendigen Gottes (2. Kor 6,16) immer wieder berührt hat, ist nunmehr an ihr Ziel gekommen: »Siehe da, die Hütte
Gottes bei den Menschen!« (21,3). Jetzt ist es soweit:
»Ich will unter ihnen wohnen und wandeln und will
ihr Gott sein, und sie sollen mein Volk sein« (vgl. 3.
Mose 26,11-12 und 2. Kor 6,16). War bisher der Himmel der Thron Gottes und die Erde seiner Füße
Schemel (Mt 5,34-35; Jes 66,1), so ist nunmehr
die Erde Wohn- und Regierungssitz Gottes (22,3).
Mit dem Herabkommen des himmlischen Jerusalem
(21,2-4) wird die Erde zur Hauptstadt des Universums – welch eine Würdigung unseres Planeten! Wie
geheiligt muß die erneuerte Menschheit sein, daß sie
die Heiligkeit Gottes erträgt! Wie geläutert, daß sie
angesichts der ewigen Glut nicht verbrennt (vgl. Jes
33,14; 2. Mose 24,17)! Sie werden sein Angesicht sehen (22,4) und nicht sterben (2. Mose 33,20).
Hieß es vordem, daß Jesus für seine Jünger eine
Stätte im Hause seines Vaters im Himmel vorbereitet
hat, so kommt nunmehr der Himmel auf die Erde. Ja,

die Erde wird zum Himmel, denn wo Gott thront, da
ist Himmel. Es wird auch keine Nacht mehr sein,
Mond und Sonne werden nicht mehr nötig sein,
denn »Gott der Herr wird sie erleuchten – und sie
werden regieren von Ewigkeit zu Ewigkeit« (22,5).

II. Das neue Jerusalem

»Er zeigte mir die heilige Stadt Jerusalem her-
niederkommen aus dem Himmel von Gott, die hatte
die Herrlichkeit Gottes; ihr Licht war gleich dem
alleredelsten Stein, einem Jaspis, klar wie Kristall«
(21,10-11). In Offb 21,9-22,5 wird die Herrlichkeit der
Stadt beschrieben, ihre Mauer, ihre Maße, ihre Tore,
ihre Bewohner und die Innengestaltung. An der
Mauer fällt die Höhe (75 m) und Länge (ca. 9 200
km) auf, und daß sie ganz aus Jaspis gebaut ist,
durchscheinend und klar (21,16-18). Sie ruht auf
zwölf Grundsteinen, auf verschiedenen Edelsteinen
(21,19-20), und auf den Grundsteinen finden sich die
Namen der zwölf Apostel (21,14). Durch ihre Verkündigung und Lehre haben sie die Grundlage für die
Gemeinde gelegt (Eph 2,20), das Haus Gottes, »ein
Pfeiler und Grundfeste der Wahrheit« (1. Tim 3,15).
Sie werden »Apostel des Lammes« genannt (21,14).
Zwölf Tore zieren die Mauer, drei an jeder der
vier Seiten; die Tore sind aus Perlen, jedes Tor aus
einer einzigen Perle (21,12-14.21). Über den Toren
wachen Engel. Die Namen der 12 Stämme sind auf ihnen geschrieben (21,12), denn »das Heil kommt von
den Juden« (Joh 4,22; vgl. auch Röm 11,17-18!). Wer

durch die Messiastür eingetreten ist (Joh 10,7-9) zu seiner Rettung, durch die enge und schmale Tür (Mt 7,13-14), darf durch die Perlentore ein- und ausgehen. Wer in Jesus die kostbare Perle fand (Mt 13, 45-46) oder auf sie wartete, dem stehen die Perlentore des himmlischen Jerusalems offen.

Über die Innengestaltung der Stadt lesen wir, daß sie aus reinem, durchscheinendem Gold gebaut ist (21,18), daß ihre Straßen von lauterem Golde sind (21,21), daß der Thron Gottes und des Lammes in ihr aufgerichtet ist (22,3) mit einem Wasserstrom, klar wie Kristall, und Bäumen zu seinen Ufern (22,1-2), und daß die Stadt keiner Beleuchtung bedarf, weil die Herrlichkeit Gottes sie erleuchtet, und weil ihre Leuchte das Lamm ist (21,23).

Von ihren Bewohnern ist zu sagen, daß es Gott selbst und das Lamm (22,3) mit unzähligen Engeln und Erzengeln sind (21,12; vgl. Hebr 12,22), samt den Erlösten aus Israel und den Völkern, die Palmen in den Händen tragen (7,4.9). Es wird von Sängern berichtet, begleitet von Harfenspiel (15,2-3) und von nie endenden Chören des Lobpreises und der Anbetung (vgl. u. a. 4,8; 5,9-10; 11,15-18; 15,3-4). Als Könige und Priester werden die Erlösten Gott dienen und regieren von Ewigkeit zu Ewigkeit (5,10; 22,5).

Die Größe der Stadt ist unvorstellbar. Wahrlich, im Himmel auf Erden gibt es keine Raum- oder Wohnungsnot. »In meines Vaters Hause sind viele Wohnungen«, hatte Jesus gesagt (Joh 14,2). Wenn wir das griechische Maß eines Stadions mit 192,27 m ansetzen, erreicht die Länge und Breite der Stadt je 2 300 km und mehr. Das macht eine Fläche von 5,3

Millionen qkm aus! Da die Höhe der Stadt ebenfalls 2 300 km beträgt, so ist der Wohnraum unfaßbar groß. Wie das Allerheiligste im Tempel, so hat diese Stadt auch das Maß eines Würfels von gleicher Länge, Breite und Höhe — ein weiterer Hinweis darauf, daß die Stadt nunmehr Gottes allerheiligster Thronsitz geworden ist. Die Mauer von 75 m Höhe verliert sich gegenüber der Häuserhöhe von 2 300 km zu einer rein symbolischen Erinnerung. So heißt es auch, daß es nichts Verfluchungswürdiges mehr geben wird (22,3), und daß die Blätter der Lebensbäume, die monatlich ihre Früchte bringen, »zur Heilung der Völker dienen« (22,2), womit die Heilung der Erinnerung gemeint sein kann.

Dies ist das himmlische Jerusalem, »deren Baumeister und Schöpfer Gott ist« (Hebr 11,10), von Abraham erwartet und von den Miterben der Verheißung »von ferne gesehen und begrüßt« (Hebr 11,13). Sie waren bereit, Gäste und Fremdlinge auf Erden zu sein, weil sie ein besseres, ein himmlisches Vaterland suchten (Hebr 11,13-16). »Darum schämt sich Gott ihrer nicht, ihr Gott zu heißen; denn er hat ihnen eine Stadt gebaut« (Hebr 11,16).

Dies ist das freie Jerusalem, die Mutter aller Glaubenden, »unsere Mutter« (Gal 4,26), der wir uns schon jetzt im Glauben nahen (Hebr 12,22-24), die wir als unsere zukünftige Stadt suchen (Hebr 13,14), weil wir hier keine bleibende Stadt haben, und deren Name an der Stirn der Überwinder zu finden ist (Offb 3,12).

Was schon vom alten Jerusalem galt, gilt erst recht von dem neuen:

»Die Erlösten des Herrn werden heimkehren
und nach Zion kommen mit Jauchzen.
Ewige Freude wird über ihrem Haupte sein.
Freude und Wonne werden sie ergreifen,
und Schmerz und Seufzen wird entfliehen«
(Jes 35,10 + 51,11).

III. Der vollendete Gottestempel

Im neuen Jerusalem gibt es keinen Tempel
(21,22). Vor der Neuschöpfung von Himmel und Erde wird von dem »Tempel und der Stiftshütte im
Himmel« berichtet (15,5), nach deren Maße Mose die
irdische Hütte in der Wüste angefertigt hatte (2. Mose 25,8-9+40). Salomo hatte den Tempel in der Stadt
gebaut. Im neuen Jerusalem wird die Stadt zum
Tempel werden. Gab es zuvor die Trennung zwischen heilig und profan, zwischen Priestern und Le-
viten und den übrigen Stämmen, zwischen »vormals
nicht ein Volk, nun aber Gottes Volk«, zwischen
»vormals nicht in Gnaden, nun aber in Gnaden sein«
(vgl. 1. Petr 2,10), so ist jetzt alles geläutert und hoch-
heilig. Alles ist auf Gott ausgerichtet in ewigem Anbeten und Lobpreis (vgl. Joh 4,24; Röm 11,36). Jetzt
wohnt Gott unter seinem geheiligten Volk, das sein
Angesicht sieht und ihm dient, weil nichts Fluchwür-
diges und keine Sünde sie trennen kann (vgl. 22,3).
Das neue Jerusalem ist Gottes vollkommener Tempel und seine Leuchte ist das Lamm (21,23).

IV. Das verklärte Paradies

Endzeit und Urzeit berühren sich. Die ersten und letzten Blätter der Bibel stehen miteinander in Beziehung. Die Heilige Schrift beginnt mit der Schilderung des Paradieses (1. Mose 1-2), und sie schließt mit ihr. Doch das letzte ist herrlicher als das erste. »Der Abschluß ist größer als der Anfang. Das Omega ist gewaltiger als das Alpha« (E. Sauer). Das verlorene Paradies war von Satan (1. Mose 2,15 + 3,1-5) und vom Tod bedroht (1. Mose 2,17). Das verklärte ist unantastbar, frei von Fluch (Offb 22,3) und Tod (21,4). Im verlorenen stand neben dem Baum des Lebens der Baum der Erkenntnis des Guten und Bösen (1. Mose 2,9). Im verklärten Paradies finden wir nur noch Lebensbäume (22,7 + 2,7), da sich die Menschen freiwillig für Gott entschieden haben. Im verlorenen Paradies verlor der Mensch sich selbst, da er sein wollte wie Gott und wissen wollte, was gut und böse ist. Er verfing sich im Knäuel des Bösen. Vom verklärten Paradies sagt die Schrift, daß Gottes Name und Wesen an den Stirnen der Menschen zu finden sein wird (22,4), Gott und Mensch sind versöhnt. Das erste Paradies nahm wegen der Niederlage des Menschen ein Ende (1. Mose 3,24). Dieses bleibt ewig für die Überwinder (2,7 + 22,5). Dort floß ein Wasserstrom aus Eden (1. Mose 2,10-14), hier fließt ein Lebensstrom vom Thron Gottes (22,1; vgl. Hes 47). Damals die Herrschaft über die Erde (1. Mose 1,28-30). Jetzt die Herrschaft über das Weltall (vgl. 1. Kor 6,2-3). Einst eine geschaffene Sonne, nunmehr der Ewige, der Schöpfergott selber die

Sonne (22,5). »So ist alles nach allen Beziehungen hin eine neue Schöpfung:

an uns	— ein neuer Name (2,17; Jes 62,2)
in uns	— ein neues Lied (5,9 + 14,3)
um uns	— ein neues Jerusalem (21,2)
unter uns	— eine neue Erde (21,1)
über uns	— ein neuer Himmel (21,1)
vor uns	— neue Offenbarungen des neuen Namens des Welterlösers (vgl. 3,12).«

(E. Sauer)

Wahrlich: »Der auf dem Thron saß, sprach: Siehe, ich mache alles neu« (21,5). Und »das Lamm, das geschlachtet ist, ist würdig, zu nehmen Kraft und Reichtum und Weisheit und Stärke und Ehre und Preis und Lob« (5,12).

Es schallt ein einziger Lobpreis durch Himmel und Erde, widerhallend in den Sphären des Universums, gesungen von einem gewaltigen Heer der Engel und von jedem Geschöpf, das im Himmel, auf Erden und unter der Erde und im Meer ist: .

»Dem, der auf dem Thron sitzt, und dem Lamm
sei Lob und Ehre und Preis und Gewalt
von Ewigkeit zu Ewigkeit!
Und die vier Gestalten sprachen: Amen!
Und die Ältesten fielen nieder und beteten an.«
(vgl. Offb 5,13-14)

Nachwort

Warum ich die Bibel lese?

In seinem Vorwort zum Buch von Otto Michel »Aufsehen auf Jesus« schreibt Prof. Dr. H. Rohrbach, langjähriger Ordinarius für Mathematik an der Universität Mainz u. a.:

»Ich bin des öfteren gefragt worden, warum ich mich so viel mit der Bibel beschäftige. Die Fragenden sehen dabei in mir den logisch denkenden Naturwissenschaftler, der doch über die Aussagen der Bibel erhaben sein müßte. Meine Antwort ist stets: Ich lese die Bibel, weil ich sie brauche. Mir ist sie unentbehrlich für die Menschen, mit denen ich tagsüber zu tun habe, für die Wissenschaft, an der ich beruflich arbeite, unentbehrlich für meine Freuden wie für meine Kümmernisse. Ich lese die Bibel um der Erkenntnisse willen, die sie über mich selbst gibt und über die Verflechtungen, in denen ich stehe, in gleicher Weise aber auch um der Weisungen willen, die ich durch sie empfange. Mit einem Wort: Ich lese und liebe die Bibel, weil sie mir den Zugang zu meinem Herrn Jesus Christus öffnet und erhält.«

Dietrich Bonhoeffer, der bekannte Theologe des Widerstandes, sagt:

»Die Bibel kann man nicht lesen wie ein anderes Buch. Man muß bereit sein, sie wirklich zu fragen. Nur so erschließt sie sich. Nur wenn ich bereit bin, letzte Antworten von ihr zu erwarten, gibt sie sie uns.«

Martin Luther gibt den Rat:

»Wer die Bibel nur obenhin liest und nicht immerfort und tiefer nachdenkt, der wird ihrer überdrüssig und läßt sie fahren, als verstehe er sie bis zum letzten Grunde und findet nichts darin. Man muß suchen, spricht der Herr, nicht richten, nicht Meister, sondern Schüler sein; nicht unser Dunkel hineintragen, sondern Christi Zeugnis darin holen. Und solange Christus nicht gefunden wird, solange wird sie auch nicht recht gesucht.«

Literaturverzeichnis

Beyerhaus, P./Padberg, L. von: Eine Welt — Eine Religion? Asslar, 1988

Bibel-Panorama. Die 7 Zeitalter des biblischen Heilsweges in 12 farbigen Darstellungen. Neuhausen, 1990

Brauer, W.: Heinrich Heines Heimkehr zu Gott. Wittener Reihe Nr. 145. Witten, 1981

Geschäftsmann und Christ. Die Zeitschrift für Menschen in Verantwortung, Nr. 7/8. Zürich, 1990

Heim, K.: Jesus der Weltvollender. Wuppertal, 1977

Hubmer, F.: Der Heilsplan Gottes. Neuhausen, 1987[8]

Hubmer, F.: Weltreich und Gottesreich. Neuhausen, 1989[6]

Hubmer, F.: Endzeit-Prophetie. Neuhausen, 1987[2]

Maier, G. (Hg.): Zukunftserwartungen in biblischer Sicht. Wuppertal, 1984

Michel, O: Aufsehen zu Jesus. Metzingen, 1968

Nestle/Aland (Hg.): Das Neue Testament Griechisch. Stuttgart, 1986

Rienecker, F.: Das Schönste kommt noch. Wuppertal, 1981

Sauer, E.: Der Triumph des Gekreuzigten. Wuppertal, 1989[2]

Stoy, W.: Hoffnung für unsere Erde? Gießen, 1985

hänssler

John F. Walvoord

Brennpunkte biblischer Prophetie

Was kommt auf uns zu?

Gb., 420 S.
Nr. 391.842
ISBN 3-7751-1842-X

Die 90er Jahre haben gewaltige Erschütterungen mit sich gebracht. Die ganze Welt ist im Umbruch. Machtkonstellationen verschieben sich, neue Machtblöcke werden gebildet. Die aktuellen Ereignisse machen Christen hellhörig, ein neues Fragen nach endzeitlicher Prophetie bricht auf. Der Autor deutet biblische Prophetie klar und verständlich für jeden, ohne dabei in Spekulationen zu fallen.
Ein geradezu fesselndes Buch, das erfüllte und noch ausstehende Prophetie umfassend behandelt.

Bitte fragen Sie in Ihrer Buchhandlung nach diesem Buch! Oder schreiben Sie an den Hänssler-Verlag, Postfach 1220, W-7303 Neuhausen-Stuttgart.

hänssler

Billy Graham

Geht unsere Welt ihrem Ende entgegen?

Pb., 240 S.
Nr. 71.345
ISBN 3-7751-1752-0

Wir leben in einer spannungsgeladenen Zeit: Zerstörerische Kriege, wirtschaftliche und ökologische Katastrophen sowie weltweiter religiöser Fanatismus bedrohen unsere Welt mehr denn je.
Sind dies nur Schatten noch viel größerer Ereignisse? Oder kommen gar die in der Bibel beschriebenen endzeitlichen Entwicklungen auf uns zu?

Bitte fragen Sie in Ihrer Buchhandlung nach diesem Buch! Oder schreiben Sie an den Hänssler-Verlag, Postfach 1220, W-7303 Neuhausen-Stuttgart.

hänssler

Walter Tlach

Der letzte Krieg

Krisen und Kriege unserer Zeit im Licht biblischer
Prophetie

Tb., 96 S.
Nr. 70.654
ISBN 3-7751-1676-1

Welche Beziehung besteht zwischen dem Ziel arabi-
scher Völker, Israel zu vernichten, und der biblischen
Ankündigung einer endzeitlichen Auseinanderset-
zung um Israel? Anhand der biblischen Prophetie ver-
mittelt Walter Tlach einen Einblick in heilsgeschicht-
liche Zusammenhänge. Damit bietet er Orientierung
im Blick auf endzeitliche Vorgänge unserer Tage.

Bitte fragen Sie in Ihrer Buchhandlung nach diesem
Buch! Oder schreiben Sie an den Hänssler-Verlag,
Postfach 1220, W-7303 Neuhausen-Stuttgart.